넥스트 워커

넥스트 워커
Next Worker

인공지능 시대 일자리 격차!
준비된 자는 증강되고 멈추는 자는 대체된다

| 이중학 지음 |

서문

인공지능 시대 일은 사라지지 않고 재정의될 것이다

동화 「피터 팬」을 기억하시나요?

「피터 팬」에는 요정 팅커벨이 등장합니다. 팅커벨은 사람들의 믿음과 박수에 의지해 생명을 유지합니다. 그리고 팅커벨은 요정 가루를 뿌려 사람들이 하늘을 날게 해주고 네버랜드에서 피터 팬의 충실한 동료로서 모험을 돕고 안내하는 역할을 합니다. 이런 점에서 팅커벨은 믿음과 의지의 힘을 상징하는 비유로 자주 쓰이는데요. 인공지능이 지금 우리 삶에서 팅커벨과 같은 존재가 아닐까 싶습니다.[1] 인공지능이라는 기술이 우리 삶과 경제를 바꿀 것이란 큰 기대 속에 대중의 높은 관심을 얻고 있는데요. 대중이 기대하는 변화는 인공지능의 영향력을 신뢰할 때 비로소 실현될 것입니다.

챗GPT가 우리 삶에 들어온 지 3년 가까운 시간이 흘렀습니다. 그간 챗GPT와 관련한 기사의 제목은 '챗GPT는 준비 안 된 사회에 핵폭탄 격' '초거대 인공지능 4차산업혁명의 쌀' '챗봇이 일깨워 준 인간의 조건' '인공지능 스타트업 최후의 날? 개인 챗봇 거래 시장 열렸다' 등입니다. 기사의 내용을 보면 챗GPT가 미치는 영향이 인간의 조건, 일하는 방식, 다양한 산업계 등 우리 삶 전반에 걸쳐 있음을 알 수 있습니다. 그런데 정말로 이렇게 큰일이 났다면 우리는 부리나케 변화에 대응하기 위해 최선을 다했을 텐데요. 현황은 어떨까요?

보스턴컨설팅그룹BCG에서 21개국을 조사한 자료에 따르면 챗GPT를 인지하고 있는 비율은 3위(88%)를 차지하고 있지만 실제 활용도는 10위(26%)에 그침을 알 수 있습니다. 인지와 활용의 차이가 62%로 중국, 일본, 사우디에 이어 한국이 4위를 기록했습니다.[2] 또한 최근 가트너가 조사에서는 미국, 영국, 인도, 중국, 호주의 근로자 5,141명 중 26%가 생성형 인공지능을 한 번도 써본 적이 없다고 응답했고 57%는 제대로 활용하고 있지 않다고 답했습니다.[3] 언론과 주변에서 챗GPT라는 큰 변화에 대해 들어서 알기는 하지만 실제로는 안 쓴다는 거죠. 왜 이토록 인식과 실행에 큰 차이가 발생하는 것일까요?

사람이 실제로 행동이라는 걸 하기까지는 여러 가지 요소가 개입됩니다. 단순히 알고 있는 것을 바로 행동으로 옮기지 않습니다. 오랫동안 주류 경제학은 인간의 소비 행동을 설명하기 위해 '인간은 합리적 존재'라는 가정을 내세웠습니다. 애덤 스미스부터 케인스에 이르기까지 많은 경제학자가 인간이 주어진 자원을 가장 효과적이고 효율적으로 사용하는(최소 비용으로 최대 효용을 추구하는) 존재라는 가정 위에 체계를 구축했습니다. 그러나 빚을 내서 고급차와 명품을 사는 행위 등은 도저히 인간이 합리적 존재라는 가정으로는 설명이 안 되죠.

1978년 허버트 사이먼이 '제한된 합리성'이란 개념으로 노벨 경제학상을 받습니다. 사이먼은 처음으로 주류 경제학이 합리성을 가정으로 구축한 체계를 비판한 학자입니다. 이후 행동경제학이 본격적으로 꽃을 피웁니다. 행동경제학 덕분에 인간이 왜 카푸어가 되는지를 설명할 수 있게 됐죠. 행동경제학은 인간이 주어진 정보를 완전하게 처리할 수 없는 인지적 한계를 가진 존재이며 의사결정에서 정보와 지식보다는 감정이 주요하게 개입한다고 주장합니다. 이렇게 인간의 지행 격차를 설명하려면 앎knowing과 실행doing 사이에 연결 고리가 여럿 있음을 이해해야 합니다.

딜로이트는 전 세계 16개국의 고위직 리더 2,835명에게 생성형 인공지능과 관련한 설문을 했는데 90%에 가까운 응답자가 생성형 인공지능이 조직의 생산성과 효과성을 높이는 데 유효하다고 응답했습니다. 흥미롭게도 생성형 인공지능을 바라보는 이들의 감정은 긍정적 정서(흥분, 매혹, 신뢰)와 부정적 정서(불확실성, 불안, 혼란)가 공존하고 있었습니다.[4] 대부분이 인지적으로는 '좋다'고 응답한 기술인데 왜 감정은 긍정과 부정이 혼재돼 있을까요?

이 조사에서 긍정적 응답자와 부정적 응답자 간 차이는 바로 생성형 인공지능에 대한 전문성 수준에서 났습니다. 즉 높은 전문성을 보유한 집단에서는 생성형 인공지능에 대한 신뢰가 불확실성보다 앞섰습니다. 도입 범위 역시 IT, 사이버 보안, 제품 개발뿐만 아니라 전략과 운영, 공급망·제조 프로세스, 재무·인재 관리까지 광범위합니다. 결국 생성형 인공지능을 실제로 활용하려면 긍정적 감

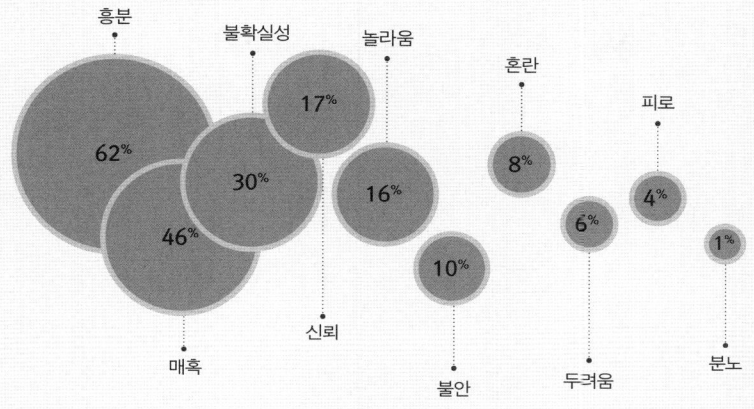

정을 느껴야 하는데 이는 높은 전문성과 관련이 있다는 것입니다.

그런데 여기서 유념해야 할 점은 생성형 인공지능에 대한 전문성이 단순히 작동 원리를 이해하고 그 효과를 지식적으로 아는 데 그치지 않는다는 것입니다. 직접 생성형 인공지능을 써보고 그 효과를 체감했을 때 비로소 전문성이 있다고 하겠습니다. 제프리 페퍼와 로버트 서튼이 1999년 출간한 이후 지금까지 리더들에게 교과서처럼 읽히는 『생각의 속도로 실행하라』에서는 앎과 실행 사이에 있는 가장 중요한 장벽 중 하나가 '무엇에 관해서 말하는 행위' 자체라고 강조했습니다.[6] 그러므로 생성형 인공지능에 관한 지식뿐만 아니라 생성형 인공지능이 어떻게 우리 삶에 미치는 영향을 다각도로 이해한 후 글로 써보는 경험을 했을 때 지행 격차가 줄어들 수 있을 것입니다. 미국 퍼듀대학교와 독일 뮌헨공과대학교에서 미국, 영국, 독일 대학생 1,465명을 대상으로 한 공동 연구에서도 생성형 인공지능에 대한 긍정적 인식과 감정은 실제 사용 경험과 높은 관련을 보이는 것으로 나타났습니다.[7]

저는 챗GPT가 출시된 이후로 인공지능과 관련한 여러 연구를 찾아보며 작동 원리를 이해했습니다. 그리고 다양한 산업에서 대기업을 비롯해 다양한 규모의 기업 대표, 임원진, 구성원들에게 생성형 인공지능 실습 강의를 3년 가까이 진행했습니다. 이런 과정을 통해 생성형 인공지능이 우리 일과 일하는 방식에 영향을 미치는지 연구하고 직접 체험할 수 있었습니다.

이 책은 생성형 인공지능이 어떻게 일의 미래를 바꿀지를 큰 주제로 다룹니다. 구체적으로는 데이터와 사례를 통해 우리 일이 어떻게 변할지와 그에 따라 일하는 방식은 어떻게 변할지를 살펴볼 것입니다. 이를 위해 한국 직장에 주요한 문제인 인구 현상과 함께 생성형 인공지능이 우리에게 미칠 영향의 밝은 면과 어두운 면을 다룰 것이며 이러한 변화에 우리 직장인이 어떻게 균형감 있게 대응할 수 있을지도 알아보려고 합니다.

2016년 세계를 놀라게 한 알파고와 사실상 2024년 노벨화학상의 주인공인 알파폴드를 개발한 주역이자 구글 딥마인드의 공동 창업자인 무스타파 술레이만이 2024년에 내놓은 『더 커밍 웨이브』는 미래에 대한 놀라운 혜안을 보여주는 책입니다. 이 책은 생성형 인공지능과 합성 생물학이 어떻게 발전하고 우리 삶에 영향을 줄지를 다루는데요. 저는 이 책의 7장 '힘의 대이동'에서 저자가 이야기한 변화에 주목했습니다.

술레이만은 과거에는 국가와 조직에서 하던 일을 이제는 생성형 인공지능을 써서 개인이 할 수 있는 시대가 도래했음을 강조합니다. 가령 과거에 소형 원자로를 설계하려면 국가 단위의 연구 기관이 필요했는데요. 미국의 한 개발자가 클로드라는 생성형 인공지능 서비스를 활용해 소형 원자로 설계 시안을 만들어 에너지 업계 사람들에게 큰 충격을 주었죠. 술레이만이 이야기한 인공지능이 가능케 한 힘의 대이동 현상을 저는 '임파워링 휴먼Empowering Human'이라고 부릅니다. 임파워링에서 접두사인 em은 '주다'는 뜻이고 power는 '힘 또는 능력'을 뜻합니다. 그러므로 임파워링은 '힘과 능력을 주는 것'으로 해석할 수 있는데요. 인공지능이 우리 개인에게 힘과 능력을 주는 존재로 해석할 수 있습니다.

정리하면 인공지능이 우리에게 새로운 가능성을 열어주고 변화할 미래에 든든한 동반자가 되기 위해서는 우리가 인공지능이 어떻게 작동하는지를 이해하고 실제로 써봐야 합니다. 마치 팅커벨처럼요. 팅커벨은 피터 팬이 하늘을 날게 해주고 네버랜드에서의 모험에 조력자와 안내자가 되기도 하지만 긴장과 갈등의 원인이 되기도 합니다. 인공지능은 우리에게 피터 팬의 팅커벨과 같습니다. 이제 우리는 인공지능이 가져올 수 있는 부정적 영향을 고려하는 동시에 인공지능이 우리 일, 일하는 방식, 그리고 미래를 바꿀지를 알아보고 구체적인 대응 방안을 준비해야 합니다. 그렇게 된다면 우리의 미래를 모험할 때 인공지능이란 팅커벨이 우리의 조력자이자 안내자로서 동행하게 될 것입니다.

차례

서문 인공지능 시대 일은 사라지지 않고 재정의될 것이다 • 4

1장 시간, 공간, 일이 변화하고 있다 • 17

1. 조직의 시간이 아닌 개인의 시간을 어떻게 살 것인가 • 24

   인공지능은 직업 피라미드의 꼭대기부터 무너뜨린다 • 27 | 인공지능이 시간을 압축해줄 때 우리는 인생을 확장한다 • 29

2. 공간은 물리적 구조에서 디지털 협업 무대로 진화한다 • 31

   디지털 트윈은 사람의 가능성을 확장하는 무대다 • 32 | 공간컴퓨팅은 일하는 방식을 바꾸는 유저 인터페이스다 • 35

3. 일의 의미가 생존에서 성장과 기회로 바뀌어왔다 • 37

   일은 노동-삶의 수단-의미로 바뀌어왔다 • 38 | 인공지능 시대에도 우리는 여전히 일할 것이다 • 39

2장 일의 의미는 어떻게 변화해왔는가 • 43

1. 우리는 왜 일하고 어떻게 해야 하는가 • 47

　　　　인공지능은 노동을 대신할 수 있지만 의미를 대신할 순 없다 • 49 |
　　　　인공지능이 일자리를 없앤다면 인간은 무엇을 할 것인가 • 51

　2. 어떻게 가짜 노동이 아닌 진짜 노동을 할 것인가 •
　　　55
　　　　가짜 노동의 폐해는 비효율성을 넘어 복합적이다 • 56 | 과업을 명
　　　　료하게 정의하지 않으면 새 가짜 노동이 생긴다 • 57

　3. 일할 사람의 감소에 따른 인적 자본 강화가 필요하
　　　다 • 61
　　　　일본 기업의 70% 이상이 정직원 부족에 시달린다 • 62 | 인적 부
　　　　양책과 함께 인적자본 수준 향상이 필요하다 • 64

3장　인공지능 시대 일하는 방식이 바뀐다
　　　• 67

　1. 동료 구성원은 물론 로봇과도 함께 일해야 한다 •
　　　69
　　　　구성원 간의 친밀한 관계는 조직 몰입과 유지에 중요하다 • 70 | 인
　　　　공지능과 로봇과 협업해 목표를 달성하는 것이 중요해진다 • 72

　2. 인공지능 에이전트가 새 동료가 된다 • 75
　　　　인공지능 에이전트가 동료로서 기능하기 시작했다 • 76 | 인공지능
　　　　에이전트는 인간을 어디까지 재현할 수 있는가 • 81

　3. 여러 인공지능이 협업하고 경쟁하는 멀티 에이전트
　　　의 시대가 온다 • 84
　　　　조직처럼 메타 에이전트와 서브 에이전트가 협업한다 • 85 | 인공
　　　　지능을 조직의 학습과 실행의 중심에 놓고 문제를 해결한다 • 89

　4. 인공지능은 추론모델로 발전하며 복잡한 문제를 해
　　　결한다 • 93

인공지능은 추론모델을 통해 깊은 사고를 한다 • 94 | 추론모델을 사용하는 똑똑한 인공지능을 제대로 활용해야 한다 • 97 | 인공지능 에이전트는 노동시장에 어떤 영향을 미치게 될 것인가 • 99

5. 데이터이즘은 인간의 삶을 어떻게 변화시킬 것인가 • 102

딥시크에서 조직의 적응과 성장 방식을 배울 수 있다 • 103 | 인공지능과 협업하기 위해서는 증강능력을 갖추어야 한다 • 109

4장 생성형 인공지능의 어두운 그림자에 대비하자 • 111

1. 인공지능이 똑똑해질수록 인간의 인지능력이 떨어질 수 있다 • 113

우리 뇌는 직접 사고할 기회를 잃고 인지능력이 저하될 것이다 • 114 | 인공지능 시대에도 스스로 생각하는 과정이 이루어져야 한다 • 116

2. 초급-중급-고급으로 성장하는 커리어 패스가 사라진다 • 120

경력 쌓기의 핵심 경로가 붕괴해 중급 이하의 기회가 사라진다 • 121 | 경력 사다리가 사라진 시대에 스스로 고용하는 자가 돼야 한다 • 124

3. 인공지능 시대에 인간 지향 능력으로 공감력이 중요하다 • 129

왜 시대별 세대별 공감력이 다르고 떨어지게 됐는가 • 130 | 공감력은 인공지능에 맡길 수 없는 핵심 소프트 스킬이다 • 133

4. 인공지능의 알고리즘 편향이 조직 내 다양성을 떨어뜨린다 • 136

식별형 인공지능은 필터 버블을 만들어 동질화 현상이 생긴다 • 137 | 인공지능 알고리즘 설계 단계에서 편향을 최소화해야 한다 • 140

5. 인공지능이 빠른 목표 달성에 집중하면 윤리 문제를 놓친다 • 142

인공지능 모델의 규모가 클수록 정직성은 감소한다 • 143 | 인공지능의 사고를 모니터링해 비윤리적 행동을 예방해야 한다 • 144

5장 인공지능 시대 어떻게 생존하고 성장하는가 • 147

1. 인공지능 시대에는 인지능력보다 증강능력이 더 중요해진다 • 149

사용자의 능력에 따라 인공지능과의 협업 성과 향상 차이가 크다 • 150 | 증강능력을 가진 인재를 선발하고 육성해야 한다 • 157

2. 생존형 성장은 개인뿐 아니라 조직의 생존과도 직결된다 • 162

앞으로 5년 내 80% 이상의 스킬이 재정의될 것이다 • 163 | 조직은 인공지능 역량을 키워주고 생존형 성장을 지원해야 한다 • 165

3. 공개와 공유를 통한 평가가 건전하게 작동돼야 한다 • 168

투명하게 공개 공유하고 명확하게 피드백해야 한다 • 169 | 공개와 공유는 비교 경쟁이 아닌 신뢰와 협업에 맞춰져야 한다 • 172

4. 데이터와 알고리즘 편향성으로 다양성과 포용성이 중요해진다 • 174

다양성을 갖춘 조직은 위기를 좀 더 효과적으로 극복했다 • 175 | 조직 내 차별과 인공지능의 동질성 문제를 해결해야 한다 • 180

5. 일을 직무 아닌 과업 중심으로 나누고 재디자인해야 한다 • 184

　인간은 더 고도의 판단력이 요구되는 일을 하게 된다 • 185 I 업의 본질 파악을 통해 일의 의미를 아는 것이 더욱 중요해진다 • 187

6장 인공지능 시대 어떻게 조직이 변화해야 하는가 • 189

1. 인공지능 친화적 문서 혁신이 성과를 끌어낸다 • 191

　인공지능 친화적으로 일하려면 문서 작성 방식을 바꿔야 한다 • 192 I 인공지능 친화적 문서 형식과 협업 툴 도입은 필수적이다 • 195

2. 조직 내 구성원의 측정 가능한 스킬을 어떻게 관리할 것인가 • 198

　인재 확보, 유지, 보상 정책이 '스킬 중심'으로 재편된다 • 199 I 스킬 기반 팀 구성이야말로 미래 경쟁력이 될 수 있다 • 202

3. 인공지능 도입 후 조직 구조는 어떻게 변화될 것인가 • 205

　수직형 피라미드에서 네트워크 형태의 조직으로 바뀌게 된다 • 206 I 미래 조직은 버추얼 트윈을 통해 실시간 실험하고 조정할 것이다 • 211

4. 개인, 조직, 사회 모두 학습-적응-적용 능력을 키워야 한다 • 215

　배우고, 변화에 적응하고, 학습한 것을 적용하는 능력이 필요하다 • 216 I 조직은 구성원이 인공지능을 활용해 성과를 내도록 지원해야 한다 • 218

5. 인공지능과의 협업·의사소통 능력이 핵심 역량이 된다 • 220

컴퓨터적, 체계적, 확장적, 비판적 사고 역량을 갖춰야 한다 • 221 | 인공지능과 작은 대화를 통해 협업 능력을 발전시켜야 한다 • 223

6. 그럼에도 인간 고유 역량과 역할은 계속 중요하다 • 225

인간은 인공지능과 달리 틀을 바꾸고 신개념을 창출할 수 있다 • 226 | "원래 그런 거야!"가 아니라 "원래 그런 게 어딨어?"다 • 228

후기 나만의 팅커벨을 찾자 • 229
주 • 234

1장

시간, 공간, 일이 변화하고 있다

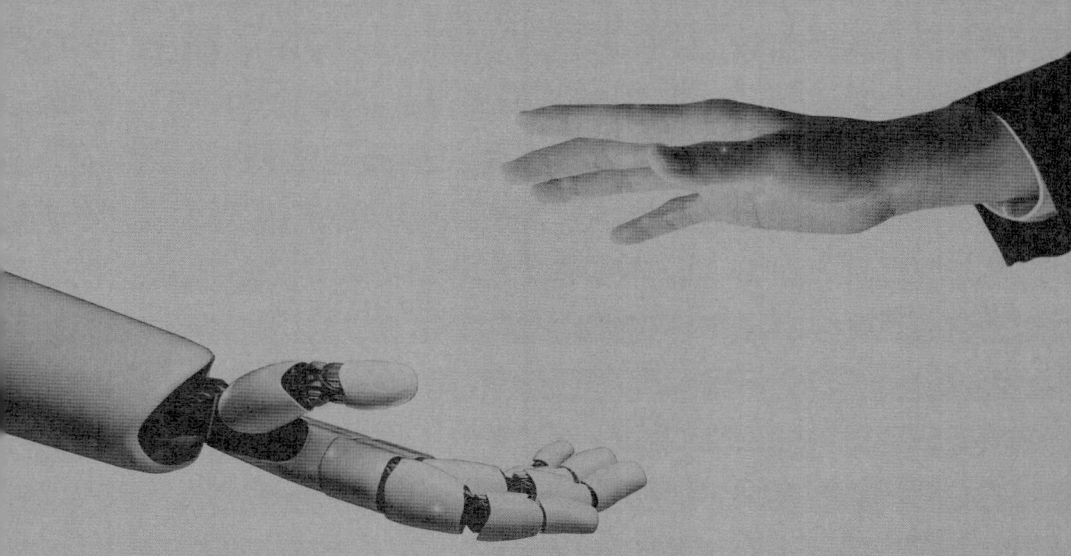

제가 하는 일은 인사를 연구하고 실행하는 것입니다. 인사人事는 말 그대로 사람과 일을 고민하는 영역입니다. 저는 인사의 다양한 분야 중에서 기술이 사람과 일에 어떻게 영향을 미치는지를 주로 연구하고 컨설팅합니다. 데이비드 브룩스의 『사람을 안다는 것』을 보면 우리가 한 사람을 잘 알려면 관계 속에서 이해해야 함을 강조합니다. 하나의 예를 들어보겠습니다.

최근 미국 직장에서 화두 중 하나가 '사무실로의 복귀'입니다. 코로나19 이후 보편화된 재택근무를 어떻게 유지할지에 대한 논의가 한창입니다. 아마존이 2025년 1월부로 전격적으로 재택근무를 없애고 모든 구성원이 주 5일 사무실 출근 정착을 선언하면서 다시금 사무실로의 복귀 논의에 불이 붙었습니다.[1] 그렇다면 사무실로의 복귀 여부를 결정하는 데 주요한 고려 요소가 무엇일까요?

여러 요소 중 하나가 바로 조직 성과에 어떤 근무 형태가 유효한지를 살펴보는 것이겠죠. 가트너가 미국 직장인을 대상으로 진행한 연구에 따르면 재택근무는 고성과자, 밀레니얼세대, 여성 구성원의 조직 몰입을 높이고 이직 의도를 낮추는 데 통계적으로 의미 있는 효과가 있습니다.[2] 그래서 미국의 여러 직장에서 여전히 재택근무를 유지하는 것이죠.

그렇다면 한국은 어떨까요? 제가 최근 국내 한 기업의 자문에 응하며 분석한 데이터에 따르면 사무실 근무자의 성과, 몰입, 만족이 재택근무자보다 높음을 알 수 있었습니다. 근무 형태가 몰입과 만족과 어떤 관계인지 살폈다는 점에서 비슷한 결과가 나와야 하는데 정반대로 나온 것을 어떻게 이해해야 할까요? 『사람을 안다는 것』에서 강조했듯이 사람을 알기 위해서는 맥락을 고려하는 것이 매우 중요합니다. 이를 맥락화라고 부르기도 하죠.

가령 '이중학'이란 사람을 알기 위해서는 개인이 가진 성격, 인지력, 가치, 동기 등이 중요합니다. 더불어 과거와 현재를 어떤 시간으로 보내왔고 어떤 공간에서 살아왔는지도 입체적으로 이해해야 비로소 한 인물을 제대로 알 수 있습니다. 이런 점에서 생성형 인공지능이란 기술이 한국 직장인에게 어떻게 영향을 주고 있고 어떤 미래를 펼쳐갈지를 이해하기 위해서도 다양한 관계를 고려해야 합니다. 저는 시간, 공간, 일이라는 세 가지 축으로 한국 직장인이 어떤 변화를 겪고 왔고 기술에 따른 어떤 변화가 생길지를 살펴보고자 합니다. 역사적으로 한국에서 시간, 공간, 일의 관계가 어떠했는지 알아보겠습니다.

　1970~1980년대를 돌아보면 직장은 시간, 공간, 일이 긴밀하게 연결돼 있었습니다. 9시에서 6시까지라는 시간을 사무실이란 공간에서 보내는 것이 내 일로 여겨지던 시대였죠. 연공급 혹은 호봉제라는 보상체계는 이를 상징하는 제도인데요. 조직에서 물리적으로 보내는 시간이 충족되면 내 보상이 유지되고 승승하는 원리죠. 그래서 과거 조직에서는 사무실이란 물리적 공간에서 시간을 이상 없이 채웠는지가 중요한 근로 조건이었습니다. 또한 내가 가진 능력과 결과에 따라서 일의 완료와 성과가 연결되는 것이 아니라 근속 연수가 보상을 결정짓는 유일한 요소였죠. 그러므로 과거 한국 직장에서는 '시간=공간=일'이라는 공식이 성립됐다고 봐도 무방합니다.

　이런 시간, 공간, 일의 관계가 해체되기 시작한 것이 바로 1997년 IMF 외환 위기입니다. 외환 위기 이전까지만 하더라도 한국 직장인에게 조직 혹은 회사는 평생 머물 곳이었습니다. 사무실에 제시간에 출근해서 시간을 보내면 급여가 평생 보장되는 그런 곳이었죠. 그러나 외환 위기로 평생직장 신화가 깨지기 시작했고 사무실에서 단순히 시간을 보내는 것이 곧 일이란 관계에 금이 생기기 시작했죠. 9시에서 6시까지 사무실에서 근무하는 시간과 공간의 관계는 공고했습니다. 하지만 단순히 시간을 보내는 것이 일이 아니라 내가 하는 일 혹은 능력에 따라서 성과와 보상이 연계되는 변화가 일어난 것이죠. 연봉급 혹은 직무급이라 불리는 제도가 바로

사람을 이해하기 위한 세 가지 축

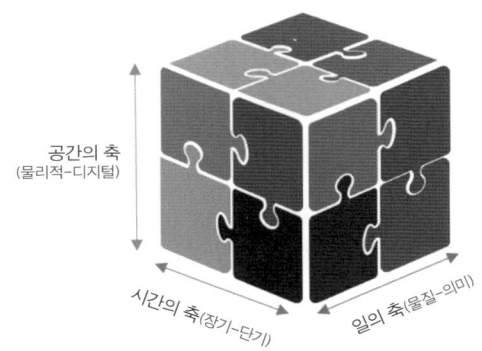

이런 변화를 대표하는 제도였습니다. 이제는 능력에 따라 승진하기도 하고 보상이 달라지기도 하는 시대가 온 것이죠. 이런 변화가 순탄하지만은 않았습니다.

그러던 중 코로나19는 시간과 공간의 관계마저 떼어놓게 됩니다. 일을 한다는 것의 주요한 가정에는 사무실이란 물리적 공간이 늘 있었는데 이제는 재택근무 혹은 멀티버스 등이 도입되면서 시간과 공간의 관계 역시 해체됐죠. 또한 인공지능과 로봇의 발전으로 조직에서 필요로 하는 기술과 능력이 현재 조직 구성원이 가진 것과 차이가 벌어지는 스킬 갭이 전 세계적으로 생겨나면서 새로운 보상체계가 소개되고 있습니다. 개인이 갖고 있는 스킬 종류와 수준에 따라 보상이 결정되는 기술급과 같은 제도가 점차 채택되고 있습니다.

정리하면 코로나19는 시간, 공간, 일이라는 세 가지 관계 요소를 완전히 끊어놓는 계기가 됐죠. 이런 상황에서 생성형 인공지능이 우리 삶에 불현듯 들어오게 됐고 사람과 일을 이해하는 데 또 다른 중요한 관계 요소로 작동하게 된 것이죠. 그렇다면 시간, 공간, 일이란 세 가지 축에서 일어나게 될 변화를 구체적으로 살펴보겠습니다.

1
조직의 시간이 아닌 개인의 시간을 어떻게 살 것인가

"인공지능 시대 더 이상 조직이 시간을 설계하지 않는다."

한국에서 평생직장이란 표현은 더 이상 유효하지 않습니다. 이처럼 전 세계 직장인의 평균 근속 기간에 대한 인식 역시 장기에서 단기로 이동하고 있습니다. 한국과 유사한 노동시장 특성을 가진 국가로 보통 일본, 영국, 독일 등을 뽑습니다. 경제협력개발기구OECD의 데이터 익스플로러Data Explorer[3]는 경제협력개발기구에 속해 있는 여러 국가의 다양한 데이터를 볼 수 있는 곳으로 일과 사람에 관련된 데이터도 풍부합니다. 저는 일에 대한 시간 인식이 어떻게 변했는지를 알아보고자 2015년부터 2023년까지 경제협력개발기구 국가 중 한국과 유사한 노동시장 특성을 가진 19개국의 평균 근속 기간 데이터를 살펴봤습니다. 1년 미만은 단기short-term, 1년 이상 ~9년 미만은 중기mid-term, 10년 이상은 장기long-term로 구분해서

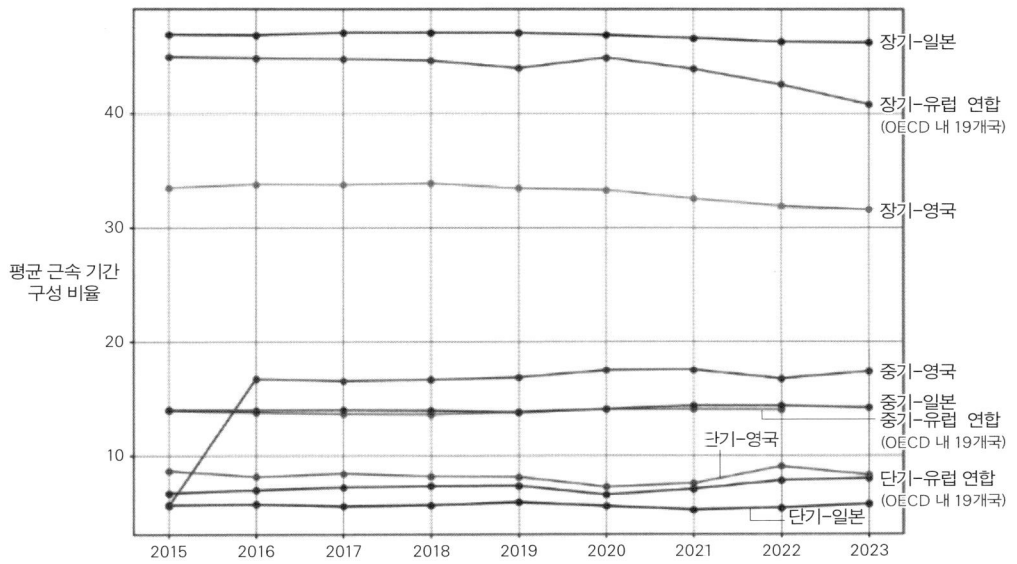

데이터를 처리했습니다. 그림 「경제협력개발기구 주요 국가의 근속 기간별 고용 구성」이 그 결과인데 경제협력개발기구 주요 19개국뿐만 아니라 영국과 일본 모두 평균 근속 기간이 2015년부터 2023년까지 장기에서 중기 그리고 단기로 이동하고 있음을 알 수 있습니다. 이는 한국뿐만 아니라 소위 선진국으로 불리는 경제협력개발기구 국가 직장인들 역시 직장과 일에 대한 시간 인식이 점차 장기에서 단기로 이동하고 있음을 알 수 있습니다.

한국 역시 마찬가지입니다. 대표적으로 한국 직장인의 평균 이직 횟수를 보면 시간 인식이 단기로 이동하고 있음을 알 수 있습니다. 한 조사에서 한국 직장인의 평균 이직 횟수는 전체 3.4회에 이르고 있고 이직 경험자 비율 역시 90%에 달하는 것으로 나타납니다.[4] 한국뿐만 아니라 전 세계 직장인에게 조직을 옮기는 것은 매우 당연한 현상이며 이제는 직업과 직종의 전환을 일컫는 대전환 The Great Reshuffle 현상도 광범위하게 일어나고 있습니다.[5] 단순히 직장을 바꾸는 이직이 아니라 직업과 직종 자체를 적극적으로 바꾸려는 대전환 현상은 조직 내 시간 인식뿐만 아니라 내가 하는 일에 대한 시간 인식이 더욱 단기로 이동하고 있음을 방증하는 사례이기도 합니다. 그렇다면 왜 이렇게 전 세계적으로 직장과 일을 바라보는 시간 인식이 장기에서 단기로 이동하고 있을까요?

미국 인구조사국 연구에서는 대전환 현상의 주요한 원인으로 코로나19의 영향으로 산업 구조가 급속히 재편된 것, 근로자의 우선순위가 안전·유연성·워라밸 등으로 이동한 것, 경제적 불확실성 속에서 조직과의 신뢰 관계가 약해진 것을 들었습니다.[6] 제가 주목하는 것도 바로 조직과 구성원 간 관계의 변화입니다. 고용관계로 불리는 둘 간의 관계가 과거에는 명문화된 장기적 계약 관계였다면 이제는 단기간의 심리적 교환 관계로 이동했습니다.

이를 가트너는 고용주와 구성원이 '불안정한 관계'로 변하고 있다고 이야기했고[7] 세계경제포럼WEF은 고용관계가 '수직적 계약 관계에서 파트너 관계'로 변하고 있다 발표했습니다.[8] 불안정하며 파트너십을 기반으로 하는 관계는 고용주와 구성원 모두에게 서로 간에 신뢰와 교환이 충분하게 만족스러울 때 유지된다는 특성을 보입니다. 즉 조직과 구성원 모두 주고받는 것이 심리적으로 만족스럽고 공정하다고 인식될 때 단기적으로 계속해서 갱신하며 관계를 유지한다는 것입니다. 그래서 직장인이 인식하는 시간은 갈수록 짧아질 수밖에 없습니다.

인공지능은 직업 피라미드의 꼭대기부터 무너뜨린다

생성형 인공지능은 직장인의 시간 인식에 어떤 영향을 미치게 될까요? 저는 전작 『베터 댄 베스트』에서 챗GPT 등장 전후로 직업 대체 방향이 직업 피라미드의 아래에서 위로 향하는 '단순 노동직→일반 지식 근로자→고급 지식 전문직→창의적 전문직'에서 반대 순서로 바뀔 것이라고 이야기했는데요. 세계경제포럼에서 발표한 「일의 미래 보고서 2025」를 보면 2030년까지 직업 전망을 제시하는데 제가 이야기한 대로 전문 지식 근로자부터 직업 소요가 줄어들기 시작하고 오히려 육체노동자는 증가할 것으로 보고 있습니다.[9] 이 방향으로 직업 소요가 줄어드는 데는 생성형 인공지능이 인지와 추론 능력이 뛰어나서 기능적으로 직업 피라미드의 최상단부터 효과적으로 대체할 수 있다는 기능적 이유가 있습니다.

또한 직업 피라미드의 상단 직업은 주로 고소득 직군인데다 생성형 인공지능을 활용하려면 큰 비용이 듭니다. 그렇기 때문에 조직 입장에서 이왕 기술을 쓴다면 비용 대비 효율이 좋은 고소득 직군부터 대체해야 '수지'가 맞겠죠. 이처럼 오랜 시간을 들여서 지식

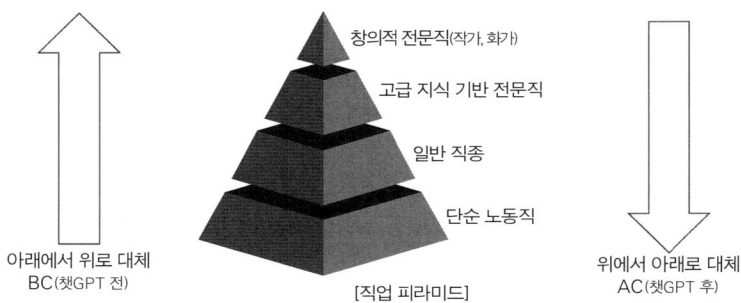

챗GPT 등장 전후의 직업 대체 방향 변화[10]

[직업 피라미드]

창의적 전문직(작가, 화가)
고급 지식 기반 전문직
일반 직종
단순 노동직

아래에서 위로 대체
BC(챗GPT 전)

위에서 아래로 대체
AC(챗GPT 후)

을 습득하고 자격증을 딴 후 안정적 직업을 영위하던 직업군에 위기가 찾아오면서 직업의 유통기한 역시 짧아지고 있음을 우리 모두 목도하고 있습니다. 그러므로 이제는 직장뿐만 아니라 직업에 대한 시간 인식도 더욱 짧아질 것이란 점을 예측할 수 있습니다. 즉 생성형 인공지능의 도입으로 시간에 대한 인식은 더욱 단기로 바뀔 것입니다.

과거 직장인의 삶에서 일치했던 시간, 공간, 일이라는 세 가지 축이 분리됐고 그중에서도 시간에 대한 인식이 빠르게 변하고 있습니다. 특히 시간에 대한 인식은 전 세계적으로 빠르게 장기에서 단기로 이동하고 있으며 생성형 인공지능의 도입으로 직장과 직업에 대한 시간 인식은 더욱 짧아질 것입니다. 이런 변화는 우리가 직장과 직업 생활에서 안정성을 더욱 강조하려는 반대 작용도 끌어낼 것입니다. 그럼에도 우리가 환경 변화에 맞춰 지속해서 살아남기 위해서는 고용관계에서도 고용 가능성이 높은 직장과 직업을 찾게 될 것임을 유추할 수 있습니다.

인공지능이 시간을 압축해줄 때 우리는 인생을 확장한다

지금 잠시만 우리 자신의 시간을 어떻게 쓰고 있는지 생각해봅시다. 만약 여러분이 한 조직에 속해서 생활하고 있다면 여러분의 시간은 주로 조직과 주어진 일에 따라 정해질 가능성이 큽니다. 비교적 자유롭게 정해진 선택지 내에서 출퇴근 시간을 결정할 수 있어도 조직에서 근무해야 할 기본적인 시간대와 총량은 근로계약으로 정해져 있고 목표 달성을 위한 과업 수행 역시 기한이 정해져 있죠. 그래서 우리는 조직에 소속된 사람으로서 회사의 시간으로 산다고 볼 수 있습니다. 학창 시절을 돌이켜보죠. 초등학교 6년, 중학교 3년, 고등학교 3년, 대학교 4년 등의 기간을 교육을 받는 데 써왔습니다. 개인마다 차이는 있겠지만 일반적으로 12~20년의 교육 기간을 충실히 따르며 살아왔죠. 저는 이를 학교의 시간이라고 부르겠습니다. 학교의 시간 혹은 회사의 시간에서 개인은 큰 선택권이 없습니다.

최근 펜실베이니아대학교의 이튼 교수가 나이지리아의 특정 학교에서 생성형 인공지능을 활용한 실험 결과를 인용해 발표했는데 그 결과가 흥미롭습니다. 학생들이 나이지리아의 정규교육 2년 동안 배워야 할 성취의 80%를 생성형 인공지능을 활용해서 6주 만에 이뤄냈다는 것입니다.[11] 약 19개월에 걸쳐 성취할 교육 목표를 6주 만에 이뤄냈다는 것이죠. 주로 계산하면 약 80주 동안 학교에 다니면서 배워야 했을 내용을 6주 만에 익혔다는 것이고요. 저는 이러한 현상을 '시간 압축 효과'라고 부르고 싶습니다. 같은 성과를 훨씬 더 짧은 시간 내에 이뤄내는 것입니다. 생성형 인공지능을 활용해서 교육받은 학생은 10배 이상의 시간 압축 효과를 본 것입니다. 달리 말하면 6주 만에 80주의 성취를 이뤄냈으니 74주가량의 시간을 번 것이죠. 우리는 이렇게 벌어들인 시간을 어디에 써야 할까요?

이러한 연구 결과는 오랫동안 학교와 회사에서 정해진 시간 총량과 흐름에 따라 살아오던 우리에게 시간을 바라보는 새로운 관점이 필요함을 보여줍니다. 즉 생성형 인공지능과 함께 일하는 미래에는 학교와 회사와 같은 조직의 시간이 아니라 압축된 개인의 시간을 살게 될 것입니다. 새로운 시간에 기존 일을 개선하든, 새로운 일을 기획해서 만들든, 혹은 개인의 성장을 위해 활용하든 이제는 우리가 생성형 인공지능을 통해 압축해서 번 시간을 어떻게 활용할지 주체적으로 결정할 수 있어야 합니다. 인공지능과 함께 살아가는 시대에서 여러분은 회사의 시간을 살고 싶은가요? 아니면 개인의 시간을 사는 걸 선택할 건가요? 그 대답과 가능성의 유무가 생성형 인공지능 시대를 바꾸는 주요한 질문이 될 것입니다.

2
공간은 물리적 구조에서 디지털 협업 무대로 진화한다

"당신은 지금 어떤 공간에서 일하고 있나요?
사무실 위인가요, 아니면 데이터 위인가요?"

왁자지껄하던 무리의 사람들도 사원에 들어가는 순간 모두 숙연해지고 경건해지는 모습을 볼 수 있습니다. 어떤 공간에 있는지에 따라 우리의 생각, 감정, 행동이 결정되는 것이죠. 공간은 한 개인을 이해하는 데 중요한 요소입니다. 저는 전작 『베터 댄 베스트』에서 코로나19 전후로 한국 직장인이 소셜 네트워크에서 언급하는 공간 인식이 변하고 있음을 밝혔는데요.

코로나19 전에는 넓다, 좁다, 부족하다 등의 물리적 서술이 주요하게 나왔지만 이후로는 편하다, 쾌적하다, 효율적이다 등의 경험적 서술이 많이 나왔습니다. 신한카드 빅데이터연구소의 『넥스트 밸류: 대한민국 가치의 대이동』 역시 공간 인식이 평방미터에서 매력미터로 변하는 것을 카드 사용 내역 데이터로 확인했습니다.[12]

또한 저는 물리적 특성에서 디지털로 공간 인식이 이동하고 있음을 강조하고 싶습니다. 프린스턴대학교에서 발표한 연구에서는 코로나19가 어떻게 경제를 바꿨는지를 볼 때 부동산 산업에 끼친 영향을 면밀하게 봐야 한다고 강조합니다. 코로나19 전후로 사무실 점유율이 절반 가까이 감소했는데 이는 주요 경제 도시의 부동산에 큰 영향을 줬다고 합니다.[13] 앞서 사례로 든 아마존의 경우 사무실로의 100% 복귀를 선언하고 실천하고 있습니다. 하지만 여전히 미국의 직장은 재택 혹은 비대면 근무 비중이 30%로 안정화된 상황입니다.[14] 시간의 흐름을 놓고 보면 공간 역시 물리적 공간에서 디지털로 이동하고 있음을 알 수 있죠.

디지털 트윈은 사람의 가능성을 확장하는 무대다

공간의 미래는 어떤 모습으로 변화할까요? 우선 우리가 주목해서 봐야 할 것이 바로 디지털 트윈입니다. 디지털 트윈은 가상 환경에서 물리적 객체, 프로세스 등을 복제하여 시뮬레이션하고 모니터링하는 기술 전체를 총칭합니다.[15] 디지털 트윈은 스마트 시티와 제품 제조 영역 등에서 활발하게 사용됐고 최근에는 다양한 영역으로 확장되고 있습니다. 2024년 파리 올림픽에서 미국 수영 국가대표팀은 가상 공간에서 수영 선수의 자세와 전략 등을 실험하고 그것을 현실 공간에서 적용해 잠재력을 극대화하는 시도를 했

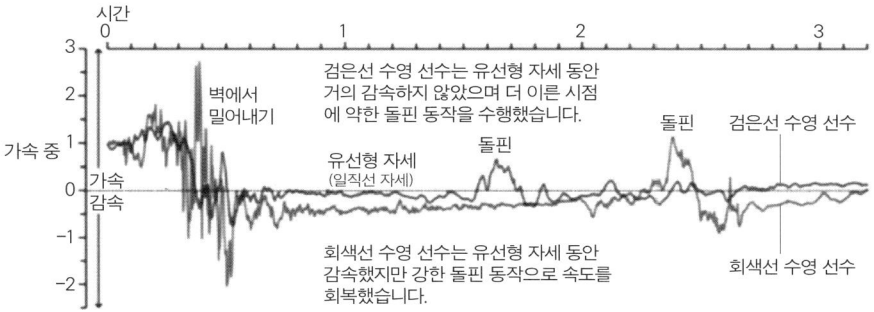

습니다.[16] 수영 선수가 시합에서 보여준 여러 물리 데이터를 가상 공간에 옮겨 다양하게 시뮬레이션해서 최적의 결과를 끌어내는 호흡과 자세 등의 조합을 찾아 실제 선수의 훈련에 적용함으로써 성과를 개선한 것이죠. 「디지털 트윈을 활용한 수영 선수들의 성과 비교」는 평영에서 어떤 자세와 전략을 수행했을 때 빠른 속도와 높은 성과를 낼 수 있는지를 디지털 트윈에서 시뮬레이션한 결과입니다. 이처럼 물리 데이터를 디지털 트윈으로 옮겨서 인간 성과를 향상하기 위해 노력하고 있습니다.

소비자가전전시회CES 2025에서 가장 주목받은 연설 중 하나가 바로 엔비디아 CEO 젠슨 황의 기조연설이었습니다. 연설의 핵심은 앞으로 기술 발전은 물리적 인공지능을 중심으로 일어나리라는 것입니다. 젠슨 황은 식별형 또는 인식형 인공지능에서 생성형 인공지능으로 그리고 앞으로는 물리적 인공지능 시대로 발전하고 있음을 강조했습니다.[17] 물리적 인공지능은 물리 법칙을 이해할 수 있는 인공지능을 이야기합니다. 가령 인공지능에 뜨거운 물이 담긴 컵을 만지면 화상의 위험이 있다는 것을 학습시키기 위해서 이와 관련된 텍스트를 제공하면 인공지능은 이를 인식적으로 이해합니다.

그런데 우리는 이를 다르게 학습합니다. 우리의 어린 시절을 돌아보면 어른들이 "뜨거운 물이 담긴 컵을 만질 때는 조심해야 한다."라는 주의를 들었을 것입니다. 그 말을 기억해서 뜨거운 물이 담긴 컵을 만질 때 조심했을 수도 있습니다. 하지만 학습의 효율성에서 볼 때 그보다는 컵에 손을 댄 순간 뜨거웠던 촉각이 기억에 더 깊이 각인됐을 것입니다. 이처럼 인공지능이 다음 단계로 가기 위해서는 이미지, 음성, 텍스트뿐만 아니라 현실 세계의 여러 물리 법칙까지 이해하도록 학습시키는 것이 물리적 인공지능입니다.

중력, 마찰, 관성과 같은 물리 법칙과 공간 감각을 이해하려면 몸을 가진 인공지능 혹은 로봇을 활용하는 것이 효과적이지만 이는 너무 큰 비용과 시간이 소요됩니다. 이에 젠슨 황이 공개한 코스모스라는 플랫폼은 물리 법칙이 적용되는 현실 같은 3D 환경을 제공합니다. 코스모스를 통해서 사용자는 로봇, 자율주행차, 비전 인공지능 등을 훈련하고 학습시킬 수 있습니다. 이처럼 디지털 트윈은 현재 미국 수영 국가대표팀 훈련에서도 활용될 뿐만 아니라 향후 기술의 미래라 불리는 물리적 인공지능 발전을 위해서도 매우 중요한 키워드입니다. 그러므로 앞으로 우리에게 공간은 물리적 세계에 디지털이 강화되는 방향으로 변화할 것입니다.

공간컴퓨팅은 일하는 방식을 바꾸는 유저 인터페이스다

디지털 공간이 강화되는 동력 중 하나가 바로 공간 컴퓨팅, 가상현실VR, 증강현실AR과 같은 기기의 활용입니다. 앞서 이야기한 물리적 인공지능이 학습할 데이터를 모으기 위해서는 코스모스와 같은 소프트웨어 플랫폼도 중요하지만 실제로 인간의 행동 데이터도 많이 필요합니다. 그래서 주목받는 것이 바로 애플의 비전 프로와 같은 가상현실과 증강현실 기계를 쓰고 인간이 하는 행동을 데이터로 모으는 것입니다.

애플이 발표한 비전 프로는 현실 공간을 그대로 보여주면서 그 위로 가상 세계를 펼쳐내는 공간 컴퓨터로서 물리적 세계와 디지털 세계를 자연스럽게 섞어내는 데 초점을 맞춥니다. 비전 프로는 초고해상도 디스플레이와 지연 시간을 최소화한 기술로 사용자들이 내가 지금 기기를 쓰고 있는지조차 잊게 할 만큼 현실감과 몰입도를 극대화합니다. 이런 기기를 조직에서 활용하게 되면 인공지능과의 상호작용이 단순 2D 화면이 아니라 3D 공간 기반의 사용자 경험으로 확장돼 업무 효율과 몰입감을 높이게 될 것입니다. 또한 코스모스 같은 플랫폼에서 물리적 인공지능을 위한 데이터를 활용하는 것도 필요하겠지만 사람이 직접 착용하는 가상현실, 증강현실 기기를 통해 얻는 행동 데이터를 축적하는 것도 필요합니다. 그렇게 된다면 조직은 새로운 방식으로 인공지능 모델을 학습시킬 기회를 얻을 수 있습니다. 따라서 공간 컴퓨팅에 대한 개념과 디지털 공간에 대한 논의가 주요해질 수 있습니다.

그렇다면 생성형 인공지능이 우리 직장에 들어왔을 때 공간이 어떻게 변화할까요? 저는 향후 10년 내에는 디지털 공간이 더욱 강조될 것으로 예상합니다. 3만여 명의 인사 관련 실무자들이 참석한 2024년 미국인사관리협회 콘퍼런스SHRM에서 짐 링크는 앞으로 미래 일터에서 '협업 혁명'이 중요하다고 강조했습니다. 생성형 인공지능이 우리 일터로 들어와서 동료로서 기능한다는 것인데요. 젠슨 황 역시 최근 유튜브 채널에 나와서 "곧 우리 모두 인공지능 동료와 함께 일하게 될 것"이라고 말했습니다.[18] 여기서 고민해야 할 점은 생성형 인공지능이 우리 동료로서 함께 일한다면 물리적 공간에서 곧바로 협업할 수 있을까요? 당분간은 생성형 인공지능과 디지털 공간에서 데이터를 주고받으며 협업하게 될 것입니다. 그러므로 공간 역시 당분간은 물리적 공간에서 디지털로 이동할 것이라고 봅니다.

인간은 어떤 공간에 놓여 있는지에 따라서 사고 감정과 행동이 달라질 수 있습니다. 이처럼 앞으로 직장에서 우리 일과 일하는 방식의 변화를 이해하려면 공간의 변화 역시 눈여겨봐야 합니다. 그렇다면 지금까지 이야기한 시간과 공간에 이어서 일은 어떤 변화를 겪어왔을까요?

3
일의 의미가 생존에서 성장과 기회로 바뀌어왔다

"인공지능이 대신 일해준다면 당신은 무얼 할 것인가?"

얀 뤼카선은 저서 『인간은 어떻게 노동자가 됐나』에서 시간 흐름에 따른 일의 역사를 아시아, 아프리카, 아메리카 대륙을 포함한 전 세계적 관점에서 다룹니다.[19] 인간 사회에서 노동의 형태는 시대에 따라 끊임없이 진화해왔습니다.

초기 인류의 생존을 위한 노동은 주로 수렵 채집 활동을 중심으로 이루어졌죠. 이 시기에는 남성, 여성, 어린이가 각자의 역할에 따라 식량을 확보하고 생존을 위해 협력했습니다. 이러한 협력적이고 비공식적인 노동 조직은 공동체의 생존과 번영에 필수입니다. 그러다가 기원전 1만 년 전 농업 혁명이 일어나면서 노동이 점차 전문화되고 분업화됩니다. 농업 생산량의 증가로 잉여 식량이 가능해졌고 이는 사회 계층과 불평등이 발생하는 겨기가 됩니다.

일은 노동 – 삶의 수단 – 의미로 바뀌어왔다

시간이 흐르며 도시와 국가가 형성되자 노동의 형태는 더욱 조직화되고 복잡해집니다. 기원전 5000년에서 500년 사이에는 노예제와 시장 경제가 확산하며 인간 노동이 경제적 가치로 평가받기 시작하죠. 이러한 변화로 고용주와 고용인으로 구분되는 새로운 사회 구조가 형성됩니다. 특히 산업혁명이 시작된 1800년대 이후 기계화와 공장 시스템이 도입되면서 노동자의 삶이 급격히 변화합니다. 전통적인 가내 노동은 점차 공장 노동으로 대체되고 노동 시간과 작업 조건은 새로운 논쟁의 중심이 됩니다. 20세기에 들어서면서 노동자들은 노동조합을 결성하고 자신의 권익을 보호하기 위한 조직적 활동을 전개합니다.

이러한 노력은 복지 국가의 출현과 노동 조건 개선에 크게 기여합니다. 노동 시간 단축과 여가 시간 증가로 노동자의 삶의 질이 높아지죠. 뤼카선은 다양한 시공간에서 노동과 일의 역사를 살펴보고 화폐의 발명, 노동자의 집단행동, 여가 개념, 교육, 노동의 대가가 어떻게 변해왔는지를 다룹니다. 그리고 로봇과 인공지능 도입이 노동과 일을 어떻게 바꿀지를 이야기하는데요. 인간 노동의 의미와 가치는 시공간의 변화에 따라 계속 재정의될 것이라고 강조합니다.

유명한 경제학자인 존 메이너드 케인스는 자기 손자 세대가 살아갈 100년 후 세상을 그리며 1931년에 『설득의 에세이』를 썼습니다. 그 책에서 케인스는 미래의 노동과 사회를 향한 낙관적 전망을 제시합니다. 그는 기술 발전과 생산성 향상으로 2031년에는 인간의 경제적 문제 대부분이 해결될 것으로 보았습니다. 특히 주 15시간 노동만으로도 인간의 기본적 필요를 충족할 것이라는 그의 예측은 당시로서는 혁신적인 생각이었습니다. 케인스는 물질적 풍요가 보편화되면 사람들이 경제적 생존의 압박에서 벗어나 문화적이고 지적인 삶을 추구할 수 있으리라 믿었습니다. 하지만 그의 예측은 부분적으로만 실현됐죠. 생산성과 기술은 발전했지만 그가 예측한 주당 15시간보다 우리는 여전히 더 긴 시간을 일하고 있습니다. 경제적 불평등과 물질적 욕망은 여전히 주요 문제로 남아 있습니다.

하지만 최근 일론 머스크는 케인스가 예측했던 것처럼 인간이 돈을 벌기 위한 노동보다는 취미와 여가를 즐기며 살 수 있다는 세상을 다시금 주장하고 있습니다. 일론 머스크는 2024년 5월 프랑스 파리에서 열린 스타트업 콘퍼런스 '비바 테크놀로지'에서 인공지능과 로봇이 극도로 발전하면 인간에게 일은 선택적 취미 활동이 될 것이라고 강조했습니다.[20]

인공지능 시대에도 우리는 여전히 일할 것이다

케인스가 예측했던 2031년까지는 얼마 남지 않았습니다. 케인스가 예측한 기술 발전에 따른 생산성 향상은 실제로 8배에 가깝습니다. 그러나 생산성이 향상했다고 우리에게 노동 시간이 15시간만큼 줄지는 않았습니다. 행복과 여가를 더 중시하는 것 같지도 않습니다. 그렇다면 일론 머스크가 이야기한 대로 일이 선택적 취미가 되는 세상이 실현될 수 있을까요?

우선 세계경제포럼이 최근 발표한 「일의 미래 보고서」에는 2030년까지 기술 발전에 따라 없어질 일자리 총량보다는 생겨날 자릿수가 더 많을 것으로 예상합니다. 이에 따르면 기술이 발전되고 도입된다고 하더라도 일론 머스크의 주장대로 우리가 일을 취미로 하는 미래는 가까운 시일 내에 실현되기 어려울 것입니다. 또 다른 이유로 우리에게 일은 경제적 수단으로도 중요하지만 다른 의미도 있습니다. 후대 케인스 학자들이 쓴 책 『다시, 케인스』에서는 1931년 케인스의 예측 중에서 주당 15시간이 실현되지 못한 이유가 우리 인간이 돈을 벌기 위해 일하는 경제적 존재일 뿐만 아니라 의미를 추구하는 존재라는 것입니다.

뤼카선이 이야기한 일의 역사를 돌이켜보더라도 우리가 일하고 받은 대가는 경제적 화폐에서 안정감, 의미, 성장 등으로 확장됐습니다. 이로 보건대 생성형 인공지능이 우리 삶에 더욱 깊숙이 들어온다고 하더라도 일이 단순히 선택적 취미가 되기는 어려울 것으로 저는 예상합니다.

정리하면 역사적으로 우리에게 일은 물질에서 의미로 변화해왔고 생성형 인공지능이라는 변화의 흐름 역시 의미를 강조할 것입

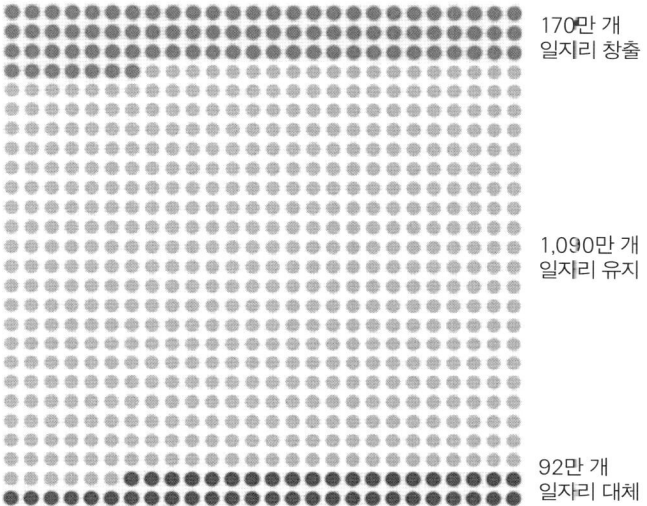

총 일자리의 증가와 손실 예측[21]

170만 개 일자리 창출

1,090만 개 일자리 유지

92만 개 일자리 대체

니다. 저는 『베터 댄 베스트』에서 코로나19 전후로 한국 직장인에게 일과 직업의 의미가 급여와 연봉에서 성장과 기회로 변화했음을 데이터로 제시했습니다. 이런 시대적 변화를 데이터가 대변한다고 할 수 있겠습니다.

2장

일의 의미는 어떻게 변화해왔는가

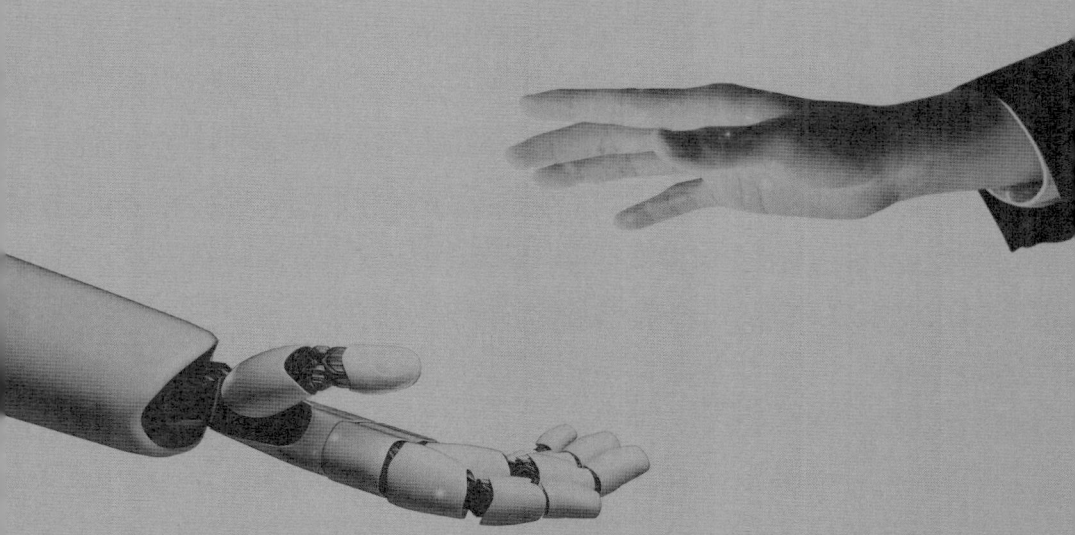

1장에서 데이터와 사례를 바탕으로 우리가 살아가는 일터에서 구성원이 인식하는 시간이 짧게 변하고 있음을 이야기했습니다. 특히 인공지능이 직업 피라미드에 전방위적으로 영향을 주면서 앞으로 우리의 시간 인식이 더욱 단기로 줄어들 수 있다는 가능성도 함께 살펴봤습니다. 그리고 우리가 살아가는 공간 역시 물리적 공간에서 디지털 공간으로 옮겨가고 있음을 살펴보고 인공지능이 그러한 변화를 가속할 것임을 예측해봤습니다. 마지막으로 일 역시 물질에서 의미로 이동하고 있음을 역사, 데이터, 사례로 알아봤는데요. 2장에서는 보다 구체적으로 일의 의미가 생성형 인공지능의 등장과 도입으로 어떻게 바뀌어나갈지를 함께 알아보려고 합니다.

미래를 내다보는 중요한 방법 중 하나는 역사의 굴곡과 패턴을 살펴보는 것입니다. 우선 대규모 데이터를 기반으로 일의 의미가 어떻게 변해왔는지 살펴보고 인공지능이 그러한 변화를 어떻게 촉진할지도 알아보겠습니다. 다음으로는 인공지능이 일터에 본격적으로 도입되면서 논의가 많이 되고 있는 조직 내 가짜 노동과 진짜 노동을 이야기한 후에 한국이 처한 인구문제에 어떻게 대응할 수 있을지 함께 생각해봤으면 좋겠습니다.

1
우리는 왜 일하고 어떻게 해야 하는가

"인간은 일하지 않아도 살아갈 수 있는 시대를 맞이하고 있다."

우선 개인이 추구하는 가치를 통해 우리에게 일이 어떤 의미를 갖는지 살펴보도록 하죠. 가치는 의사결정의 기준으로 개인의 행동을 설명하고 예측하는 데 유용합니다. 그러므로 한 개인이 직업과 직장을 선택할 때 어떤 가치를 추구하는지는 그가 무엇을 중시하는지 이해하는 데 도움이 됩니다.

저는 최근 데이터 분석 의뢰를 받고 2010년부터 2024년까지 신입 및 경력 구직자의 데이터 21만 건을 분석했는데 해당 데이터는 직업 가치관 설문 응답 결과도 포함합니다.[1] 직업 가치관에 관한 문항은 점수가 낮을수록 물질에 가까운 가치를 추구하는 경향이고 점수가 높을수록 자아실현과 같은 의미를 추구하는 경향을 나타냅니다. 2010년부터 2024년까지 직업 가치관은 물질에서 의미로 이

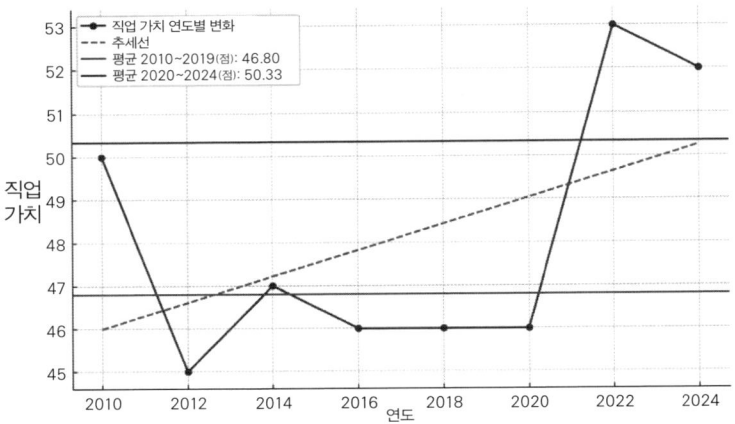

동하는 패턴을 보여주고 있습니다.

「시간에 따른 직업 가치관의 변화」를 보면 2019년을 기점으로 직업 가치관 데이터가 물질에서 의미로 확연하게 변합니다. 코로나19를 겪으면서 2019년 하반기부터 본격적으로 한국 구직자와 직장인이 직업과 직장에서 주요하게 생각한 가치가 물질에서 관계와 자아실현으로 이동하고 있음을 알 수 있습니다.

이러한 결과에 대한 설명은 여러 가지가 가능하지만 저는 코로나19로 전 세계가 공통으로 경험한 죽음에 집중합니다. 우주에 흔적을 남기기 위해 부단히 노력했던 스티브 잡스는 2005년 스탠퍼드대학교 졸업식에서 '끊임없이 갈망하고Stay Hungry, 무모해 보일지라도 끊임없이 도전하라Stay Foolish.'라는 유명한 연설을 했습니다.[2] 그는 곧 사회로 나갈 졸업생들에게 본인이 췌장암에 걸리면서 삶의 목적과 가치관이 변화한 경험을 설명합니다. 스티브 잡스는 죽음이란 우리 모두 피할 수 없는 공통된 도착지이며 인생에서 중요한 결정을 내리는 데 매우 유용한 계기라고 설명합니다. 그러면서 본인 역시 다른 사람의 기대와 의견에 휘둘리며 살아왔는데 죽음 앞에서 무엇이 중요한지가 명확해졌다고 합니다. 또한 내면의 목소리를 듣는 데 도움이 됐다고 말합니다. 그는 죽음이야말로 인생에서 커다란 선택을 내리는 데 도움을 주는 가장 중요한 도구라고 강조했습니다.

인공지능은 노동을 대신할 수 있지만 의미를 대신할 순 없다

코로나19를 거치며 전 세계 사람들은 가족이나 동료의 죽음을 목격했고 내가 죽을 수 있다는 경험을 했습니다. 이는 스티브 잡스가 말했듯이 인생의 중요한 결정을 내리는 데, 가치관과 삶의 목적을 바꾸는 데 주요한 사건으로 작동했습니다. 코로나19를 죽음으로 해석하면 왜 한국인의 직업과 직장 가치관이 크게 변했는지 해석할 수 있습니다. 앞선 데이터에서 볼 수 있듯이 한국 직장인들에게 내 삶에서 가장 많은 시간을 보내는 일, 혹은 직업이 단순히 돈을 벌기 위해서만이 아니라 내 삶에 더 중요한 가치를 달성하는 데 의미가 있으면 좋겠다는 변화가 일어난 것입니다.

그렇다면 생성형 인공지능은 일의 의미에 어떤 변화를 불러오게 될까요? 세계적으로 영향력 있는 리더들이 이런 고민을 활발히

하고 있습니다. 저는 그중에서 가장 눈에 띄는 주장을 두 진영으로 구분해서 설명합니다. 하나는 기본소득제 진영이고 다른 하나는 학습 및 의미 진영입니다. 우선 기본소득제의 대표 주자는 오픈AI CEO 샘 올트먼과 딥러닝의 아버지이자 2024년 노벨 물리학상을 받은 제프리 힌턴 교수 그리고 테슬라의 일론 머스크가 있습니다. 학습 및 의미 진영에는 『사피엔스』와 『넥서스』를 쓴 유발 하라리와 세계적 헬스케어 기업을 창립한 존 노스타가 있습니다.

우선 유발 하라리는 인공지능이 발전해서 인간의 일자리를 대체한다고 하더라도 새로운 일자리가 지속해서 창출될 것이므로 사회와 조직은 인간에게 새로운 일자리를 찾을 수 있는 능력을 적극적으로 키워줘야 한다고 주장했습니다. 존 노스타는 인공지능은 인간의 인지 공모자로서 그동안 인지적 소요가 필요했던 일을 대신해줄 것이기 때문에 일과 직업에서 우리에게 중요한 질문은 "무엇을 해야 하는가?"가 아니라 "무엇을 하고 싶은가?" 혹은 "무엇을 기여하고 싶은가?"라고 강조합니다.[3] 유발 하라리와 존 노스타는 새롭게 일을 찾을 수 있는 학습과 성장의 기회, 일에서 의미를 찾는 것이 앞으로 일과 노동에서 중요하다고 강조한 것입니다.

반면에 기본소득제 진영은 인공지능이 더욱 발전하면 대부분의 인간이 일할 필요가 없는 세상이 도래할 것으로 내다봤습니다. 이에 대한 준비로 모든 사람에게 일정한 소득을 지급하는 기본소득제가 필요하다고 강조합니다. 실리콘밸리를 포함해 인공지능 기술을 개발하고 운영하는 조직에 많은 세금을 부과해서 사람들이 기본소득으로 살아가는 세상을 주장하는 것입니다.

　기본소득제는 단순히 모든 사람이 먹고사는 방편으로서 돈을 주는 제도에 그치지 않습니다. 자본이 한쪽으로 지나치게 쏠리고 노동자가 소실됨에 따른 자본주의 위기를 예방하려는 것이죠. 그리고 사회적 불평등을 완화함으로써 우리 사회의 지속가능성을 유지하려는 수단으로서 논의되고 있습니다. 그렇다면 독자 여러분은 기본소득제가 실현되면 무엇을 하면서 살고 싶은가요? 잠시 책을 덮고 생각해보면 여러 답변이 떠오를 텐데요. 제가 수백 번의 강의와 워크숍을 하면서 들었던 답변은 우선 취미와 여가생활이 가장 많았습니다. 회사에 다녔기 때문에 하기 어려웠던 등산이나 여행을 하거나 요리를 배운다는 답변이 가장 많이 나왔습니다. 개인에게 의미 있는 일을 찾아서 하고 싶다, 새로운 지식을 배우고 싶다는 답변도 있었습니다. 과연 기본소득제가 실현된 우리 사회는 어떤 모습일까요?

인공지능이 일자리를 없앤다면 인간은 무엇을 할 것인가

　샘 올트먼은 오픈AI 설립자이자 챗GPT의 아버지로 유명합니다. 그는 꽤 오랜 기간 와이컴비네이터라는 액셀러레이터이자 투자 회사의 회장을 맡았습니다. 초기 단계의 스타트업에 자금을 투자하고 비즈니스 모델을 개발하고 육성하는 업무를 2014년부터 2019

년까지 맡았었죠. 그러던 그가 오픈AI가 2015년 설립되고 성장하는 단계에서 한 가지 가설을 갖게 됩니다. 바로 '인공지능이 지속적으로 발전하다 보면 인간은 일할 필요가 없는데 무엇을 하면서 살아가야 할까?'에 대한 질문입니다. 그는 생각을 이어가다 기본소득제가 제대로 운영되기 위해서는 소득이 모두에게 평등하게 배분되고 다른 사람에게 갈취당하지 않는 안전한 플랫폼이 필요하다는 결론에 이릅니다. 그리고 월드코인이란 가상자산 플랫폼을 만들기로 합니다.[4]

월드코인은 독특하게 홍채 인식을 통해 신원 인증을 할 수 있는 시스템으로 운영됩니다. 우리 신체 정보 중 가장 복제하기 힘든 곳이 바로 홍채입니다. 그래서 기본소득이 정확하게 해당 인원에게 배분되고 악용돼지 못하도록 홍채를 기반으로 한 가상자산 플랫폼을 고안한 것이죠.

그리고 그는 기본소득제가 실제로 구현됐을 때 우리 사회가 어떻게 작동하는지가 궁금해졌습니다. 그는 와이컴비네이터 회장일 때부터 기본소득제를 실험할 수 있는 펀드를 운용했고 2020년 11월부터 2023년 10월까지 무조건적 현금 지원 연구를 미국 직장인에게 실시합니다. 총 3년 동안 실험 집단 3,000명에게는 매달 1,000달러를 지급했고 비교 집단 2,000명에게는 매달 50달러를 지급했습니다. 그리고 여러 측면에서 일어난 변화를 지난 2024년 7월 말에 발표했습니다.[5]

첫 번째 변화로 실험 집단의 노동 시간은 일주일에 1.3시간이 감

오픈AI 리서치의 기본소득제 실험 결과 홈페이지

소했습니다. 실험 집단 참여자가 받은 1,000달러는 그들의 급여의 30~35% 수준임을 고려하면 노동 시간 감소가 크지 않음을 알 수 있습니다. 흥미로운 것은 두 번째와 세 번째 변화입니다. 두 번째 변화로 실험 집단 중 10% 이상이 새로운 일자리를 찾기 시작했는데 지금보다 의미 있고 흥미로운 일을 찾아 나섰습니다. 세 번째 변화로 참여자의 14% 이상이 자기 계발을 위해 교육과 직업 훈련에 더욱 많은 투자를 했고 26% 이상은 자율적으로 일하고 스스로 의사결정을 할 수 있는 자기 사업을 시작했습니다.

클로드란 생성형 인공지능 서비스를 제공하는 앤트로픽의 창업자 다리오 아모데이는 「사랑하는 은총의 기계」라는 글을 통해서 인공지능이 인류의 삶에 미치는 긍정적 영향을 다룹니다.[6] 특히 그는 '일과 의미'라는 주제에서 인공지능이 인간의 노동과 삶에 새로운 질문을 던진다고 언급합니다. 그는 인공지능이 인간보다 더 잘할 수 있는 일들이 많아진 세상에서 인간의 노동이 반드시 경제적 가치를 통해서만 의미를 가질 필요는 없다고 강조합니다. 의미는 관계와 성취에서 비롯되며 사람들이 경쟁과 도전을 통해 의미 있는 목표를 추구하는 것은 여전히 중요하다는 것입니다.

아모데이는 비경제적 활동에서도 삶의 목적과 즐거움을 찾을 수 있음을 상기시킵니다. 인공지능이 경제 활동에서 인간의 역할이 감소하더라도 개인의 삶에서 의미를 창조하는 능력은 변하지 않는다고 주장하는데요. 이는 노동을 경제적 생존 도구에서 삶의 질을 향상하는 매개체로 재정의할 가능성을 제시하고 우리에게 일이 어떤 의미를 갖게 될 것인지에 대한 단서를 제공합니다.

2
어떻게 가짜 노동이 아닌 진짜 노동을 할 것인가

"지금 바쁜 척 가짜 노동을 하는가, 진짜 노동을 하는가?"

의미가 중시되는 미래의 직장인은 무엇을 준비해야 하고 조직 차원에서는 어떻게 대응해야 할까요?

데니스 뇌르마르크와 아네르스 포그 옌센의 『가짜 노동』이란 책이 있습니다. 얼마 전 한 TV 프로그램에서 소개돼 베스트셀러가 된 책이죠. 저자들은 가짜 노동을 조직에서 요구하지만 실제로는 의미가 없는 활동으로 정의합니다. 가짜 노동은 바쁘게 보이기 위한 행동이나 실질적 생산성을 가져오지 않는 업무를 포함하는데요. 사회적 맥락에서 가짜 노동이 생겨나는 이유는 과잉 노동, 사회적 압박, 관중의 시선이 작동한다고 이야기합니다.[7] 즉 사람은 다른 사람에게 바쁘게 일하고 있다는 인상을 주기 위해 무의미한 일을 하는 경향성이 있다는 것이죠. 책에서는 가짜 노동의 유형을 네 가지로 나눕니다. 아무것도 하지 않고 빈둥거리기, 일하는 시간을 의도적으로 늘리기, 쓸데없는 일을 늘리기, 형식적으로 일을 꾸며내기가 바로 그것입니다.

가짜 노동의 폐해는 비효율성을 넘어 복합적이다

데니스 뇌르마르크는 저서 『가짜 노동』 이후로 『진짜 노동』을 출판합니다.[8] 이 책에서는 1983년부터 2024년까지 행정 및 관리 분야 등의 관리자 비율은 90% 증가했지만 영업 및 서비스 등의 영역은 40% 증가했다고 소개합니다. 조직과 사회에 의미를 못 남기는 가짜 노동이 계속해서 증가하고 있는 것입니다.

사실 조직에서 개인이 하는 일이 양적으로나 질적으로 한순간에 바뀌기는 어렵습니다. 동시에 개인은 한 과업에 숙련되기 때문에 과업 완료에 필요한 시간은 점차 줄어들게 됩니다. 이런 상황에서 개인에게 가짜 노동이 생겨날 여지가 커지는 것입니다. 『한국일보』에서 한국 직장인을 대상으로 가짜 노동과 관련한 인터뷰를 진행한 적이 있는데 47%가 의미 없는 일을 한 적이 있다고 합니다.[9] 그리고 일평균 2.5시간을 가짜 노동에 낭비하고 있다고 답변했습니다.[10]

이 같은 가짜 노동은 개인의 업무 효율성을 떨어뜨리고 조직 내 비효율성을 고착시키는 주요한 원인이 되기도 합니다. 그러나 제

가짜 노동 시간표

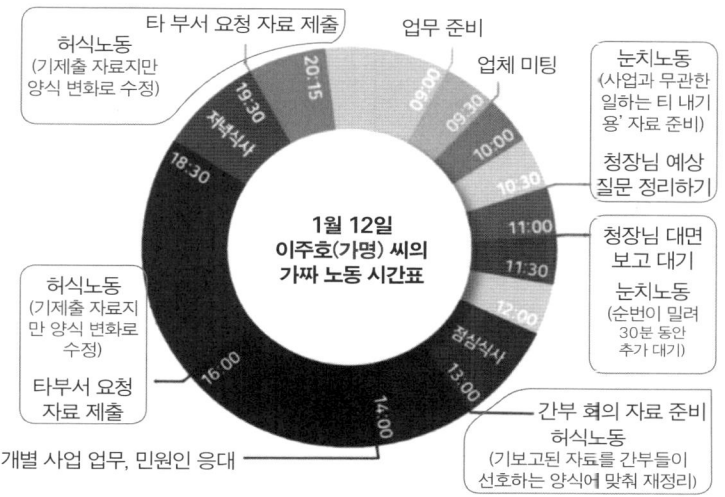

가 걱정하는 가짜 노동의 폐해는 훨씬 더 복합적입니다. 저는 『데이터와 사례로 보는 미래의 직장』에서 한국 대기업 직장인이 인식하는 회사의 주요한 단점 두 번째로 '보고·보고서·회의 문화'를 데이터에 근거해서 제시했습니다. 즉 보고를 위한 보고, 보고서 미장, 과도한 회의 문화 때문에 직장인들이 퇴사한다는 것입니다.

과업을 명료하게 정의하지 않으면 새 가짜 노동이 생긴다

가짜 노동은 보다 근원적으로 조직 생존에 악영향을 미칠 수 있습니다. 얼마 전 한 기사는 국내 A그룹의 위기론을 다루었습니다.

해당 기사는 조직 구성원들을 인터뷰하고 다양한 각도에서 위기의 원인을 조명했다는 점에서 큰 주목을 받았는데요. 기사 중 제 눈에 들어온 부분은 '일주일 내내 보고용 회의를 하는 문화가 생겼다.'라는 대목입니다. 해당 그룹은 국내 기업 중에서도 보고 문화로 유명한 곳입니다. 최고경영자가 주간 회의를 새롭게 만드는 순간 그 회의를 준비하기 위해 조직 내 관리자와 실무자 모두 회의용 보고서를 만드는 문화가 정착됐다고 합니다.

조직 내에서 부가가치와 생산성을 창출하는 진짜 노동이 아니라 의사결정자의 마음에 드는 보고서를 만들기 위해 너무 오랜 시간 가짜 노동을 한 결과 조직 경쟁력이 약해지고 만 것입니다. 그러므로 우리는 조직 내 일과 과업을 새롭게 정의해야 합니다. 여기서 일은 과업$_{task}$의 총합을 말합니다. 특히 생성형 인공지능이 우리 일과 일하는 방식에 영향을 주는 상황에서 우리는 성과와 생산성 향상에 직접적 영향을 주는 진짜 노동에 집중해야 합니다. 이를 위한 첫 번째 단계가 바로 우리가 집중해야 할 과업을 명료하게 정의하는 것입니다.

그림「다시 정의해야 하는 일과 직업」에서 X축은 인간 고유 영역과 인공지능 대체 영역으로 과업을 구분했습니다. Y축은 인공지능을 활용해서 더욱 효과적으로 일할 수 있는 진짜 노동, 증강, 가짜 노동으로 과업을 구분했습니다. 즉 조직 내 우리 과업 중 가짜 노동과 기능적으로 대체하기 쉬운 일부터 인공지능이 효율화할 것입니다. 우리에게는 부가가치를 만드는 진짜 과업과 증강 영역이

다시 정의해야 하는 일과 직업

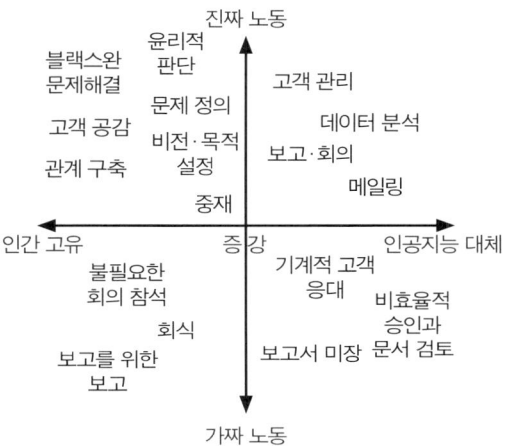

더욱 중요한 일로서 살아남고 강조돼야 할 것입니다. 가령 비효율적인 승인, 문서 검토, 기계적 고객 응대, 보고서 미장과 같은 과업은 가짜 노동이면서 인공지능이 대체할 확률이 높은 4분면에 속합니다. 반면에 새롭게 문제를 정의하고 관계를 구축하며 고객과 공감하는 과업 등은 인간 고유 영역에 속하면서도 진짜 노동으로 분류되는 2분면에 위치합니다.

  우리 조직 내 과업을 명료하게 다시 정의해야 하는 이유는 인공지능을 조직에 도입해 가짜 노동 혹은 가짜 과업에 들어갈 시간이 줄어든다고 하더라도 우리가 자연스럽게 진짜 노동에 집중하기는 어렵기 때문입니다. 한 연구에 따르면 생성형 인공지능으로 시간을 아낀다고 하더라도 해야 할 과업을 명료하게 정의하지 않으면 다시금 관리 업무 등의 새로운 가짜 노동이 생겨난다고 합니다.[11]

그러므로 조직, 리더, 구성원 모두 새롭게 일을 정의할 수 있어야 할 것입니다.

이번에는 생성형 인공지능이 가져올 일의 의미 변화가 왜 한국 사회에 더욱 중요한 함의를 갖는지를 인구 문제와 함께 살펴보고자 합니다. 생성형 인공지능이 국가를 가려가며 영향을 미치지는 않겠지만 우리에게는 더욱 중요한 의미를 갖는 이유가 바로 인구 문제와 상호작용이 있기 때문입니다.

3
일할 사람의 감소에 따른 인적 자본 강화가 필요하다

"인구 감소 시대 생존의 열쇠는 진짜 일과 인적자본 향상에 있다."

국가통계포털KOSIS에 들어가면 인구상황판을 볼 수 있습니다. 기본 화면은 1960년, 2025년, 2072년으로 돼 있으며 연도는 설정할 수 있습니다. 인구상황판으로 총인구수, 연령별·계층별 구성비, 노령화지수를 포함한 여러 수치를 쉽게 확인할 수 있습니다.[12]

그림 「국가통계포털의 인구상황판」은 1960년, 2025년, 2055년으로 설정한 것입니다. 2025년 한국의 인구수는 5,100만여 명을 기록하고 있으며 중위연령은 46.7세입니다. 30년 후인 2055년에는 4,400만여 명으로 인구가 감소하고 중위연령은 59.9세로 증가합니다. 2024년 중반을 기점으로 한국의 인구수는 줄어들기 시작했습니다. 이토록 빠른 속도로 인구가 감소하고 있는 선례가 전 세계적으로도 없고 이토록 낮은 숫자도 인류 역사상 처음입니다. 생

국가통계포털의 인구상황판

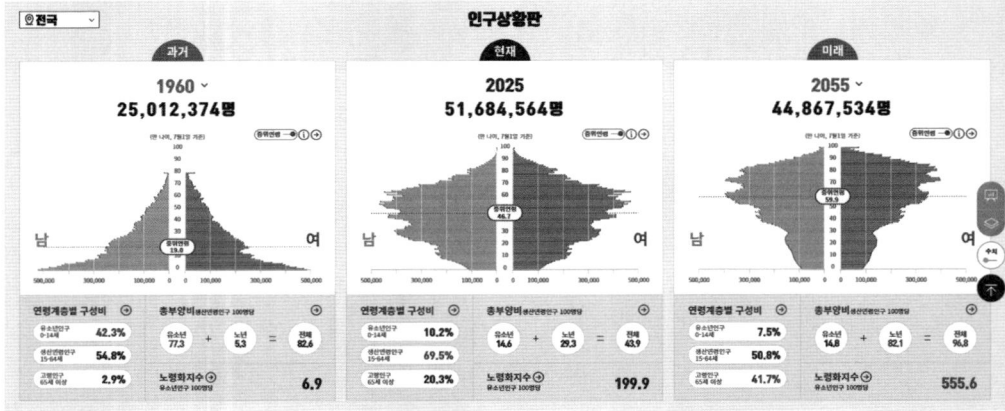

성형 인공지능이 우리에게 미칠 변화도 크지만 한국 직장인에게 주어진 또 다른 변화의 한 축이 바로 인구 문제입니다. 우리는 인구 문제를 어떻게 바라보고 어디에 집중해야 하며 무엇을 준비해야 할까요?

일본 기업의 70% 이상이 정직원 부족에 시달린다

"일본에는 왜 새벽 배송이 없을까요?"라는 질문을 과거 직장 상사에게 받은 적이 있습니다. 일본의 물류 대기업 야마토그룹은 일본 내 몇 개 도시에 제한해서 당일 배송 서비스를 유지했지만 2023년부터 인력 부족으로 익일 배송 등으로 물류 배송 전략을 바꾸고 있습니다. 특정 기간 구직자 수에 대한 구인 수의 비율을 나타내는 경제 지표가 바로 유효구인배율입니다. 일본의 유효구인배율은 2024년 2월 기준으로 1.28이며 이는 일자리 1.28개당 구직자가 1명이 있다는 것입니다. 수치가 높을수록 인력 부족 정도가 심한 것으로 해석하면 됩니다.[13] 일본 전체 유효구인배율보다 유통업과 건설업은 상황이 더 심각하며 일본 기업의 70% 이상이 정직원 부족에 시달린다는 연구가 있습니다. 일본은 일할 사람이 실제로 부족해지고 있습니다.[14]

이런 상황에서 일본에서는 오와하라 방지법까지 등장했는데 일본어로 '오와하라ォワハラ'는 취업 활동을 종료하도록 강요하는 행위를 뜻합니다.[15] 회사에서 구직자를 구하기 어려운 상황이다 보니 합격한 구직자에게 이제 더 이상 다른 곳에 지원하지 않도록 강요하는 현상을 오와하라라고 부릅니다. 이게 사회적으로 문제가 되자 이를 방지하기 위한 법안까지 등장했고 대학교에서는 오와하라에 대처하는 교육을 할 정도입니다. 인구 문제의 선행 지표라 할 수 있는 일본의 모습에서 한국 기업에서 일할 사람이 부족해질 미래를 미리 내다볼 수 있을 것입니다.

『일할 사람이 사라진다』를 쓴 서울대학교 이철희 교수는 노동경제학자로서 한국의 인구 문제를 데이터에 근거해서 풀어갑니다. 2050년 이후에는 젊은 취업자 숫자가 현재의 절반 아래로 떨어지며 이런 변화가 어떻게 한국 경제에 영향을 주는지 등을 다룹니다. 이 책에서 이철희 교수는 인구를 단순히 숫자로만 다루지 않고 질적 지표인 인적자본이라는 개념으로 이야기합니다.

인적 부양책과 함께 인적자본 수준 향상이 필요하다

인구상황판에서 볼 수 있듯이 한국의 인구수가 줄어드는 것은 이미 정해진 미래입니다. 인구가 주는 것을 막기 위해 빨리 출산을 장려하고 이민 정책을 활발히 해야 한다는 생각이 듭니다. 그러나 이철희 교수는 인구의 질에 집중하면 우리가 우려하는 것처럼 빠르게 일할 사람이 부족해지는 문제가 심각한 수준으로 경제에 영향을 미치지 않을 수 있다고 말합니다. 가령 2024년 대졸 이상 65세 인구가 60만 명인 반면에 2050년에는 1,200만 명에 이릅니다. 교육 수준이 인적자본의 주요한 요소임을 생각하면 2050년에 일할 사람의 수준은 현재보다 높다는 것을 알 수 있습니다. 이런 점을 봤을 때 인구 1인당 해낼 수 있는 과업의 수준과 성과는 과거에 비해 높아서 일할 사람이 절대적 숫자로 줄어드는 문제를 높은 인적자본의 수준으로 상쇄할 수 있다는 것입니다.

또한 한국의 산업 구조 변화도 일할 사람이 사라지는 문제와 함께 살펴봐야 합니다. 한국의 산업 구조가 단순 제조업에서 전문·과학 산업과 기술서비스 산업으로 점차 비중이 증가하고 있습니다.[16] 단순 제조업에서는 노동력의 숫자와 근무 시간이 절대적으로 중요했다면 이제는 고부가가치 산업으로 이동하고 있습니다. 이때는 절대적 숫자보다는 인적자본의 수준이 중요한 고려 사항입니다. 과거에는 인구의 70%가 농업에 종사해도 굶어 죽는 사람이 있었습니다. 하지만 이제는 전 세계 5%만 관련업을 하더라도 음식이 남아

도는 시대에 살고 있습니다. 그렇듯 산업 구조가 변하면 가치 창출에 필요한 요소도 바뀌게 마련입니다. 그러므로 우리가 집중해야 할 부분을 잘 살펴봐야 합니다. 인구 부양책도 중요하지만 현실적으로 인적자본의 수준을 지속해서 향상하고 생산성을 높이는 전략도 주요할 것입니다.

경제학자 오데드 갤로어는 『인류의 여정』에서 인류가 그 긴 역사 동안 멸종하지 않고 지속해서 생존하고 성장할 수 있던 비결이 무엇인지를 다룹니다. 주요한 원인 중 하나가 바로 의도적으로 적게 출산하고 자녀 교육에 투자함으로써 질적으로 다른 생산성을 향상한 선택적 인적자본 투자 덕분이라고 강조합니다.[17]

국가, 사회, 조직 차원에서 일할 사람이 부족한 문제를 해결하기 위해 인구 부양책도 중요합니다. 하지만 현실적으로는 인적자본에 투자함으로써 개개인의 수준과 생산성을 높이는 전략이 더 유효할 수 있을 것입니다.

3장

인공지능 시대 일하는 방식이 바뀐다

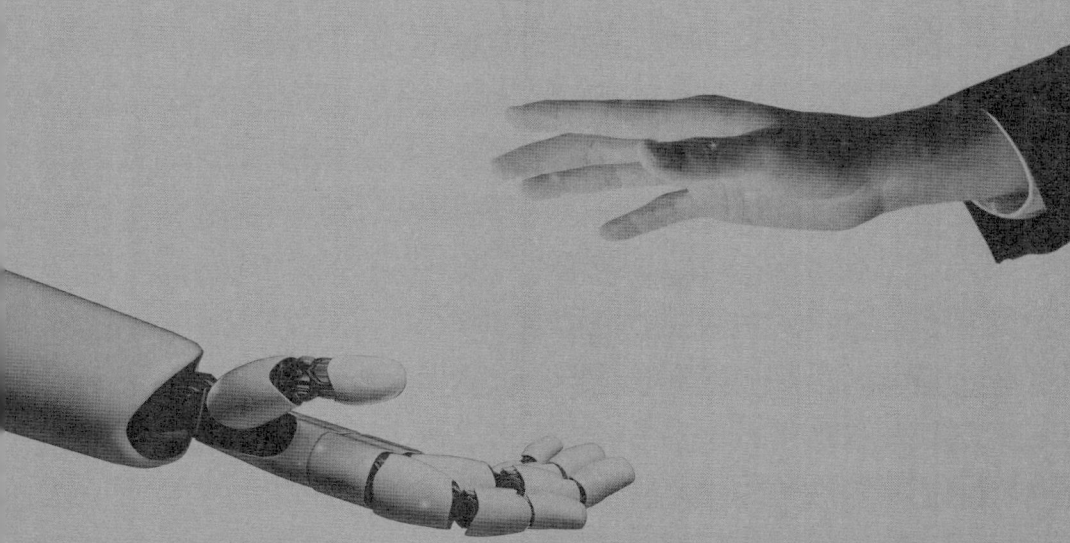

1
동료 구성원은 물론 로봇과도 함께 일해야 한다

"미래 직장인은 인간과 인공지능 모두와 좋은 관계를
맺을 줄 알아야 한다."

우리에게 펩시콜라로 익숙한 펩시코는 미국의 식음료 다국적 기업입니다. 전 세계 25만여 명의 임직원이 근무하고 있고 23개 이상 브랜드를 200개국 이상에 유통하는 큰 조직입니다. 제가 전 직장에서 근무할 때 펩시코의 인사 부서와 여러 차례 협업했는데 아시아 지역 인사 최고 책임자가 본인을 "사람 관계 책임자"라고 소개했습니다. 저는 이 말이 너무 인상적이어서 지금까지 기억하고 있습니다. 우리에게 익숙한 HR의 약자를 인적자원Human Resource이 아니라 사람 관계Human Relation라고 표현한 것입니다. 사실 인사라는 일의 본질은 사람 간 관계를 다루는 데 있습니다. 그래서 인사는 조직 내외로 관계에 밀접하게 관심을 둬야 합니다.

구성원 간의 친밀한 관계는 조직 몰입과 유지에 중요하다

가장 먼저 관심 있게 봐야 할 관계 변화는 구성원 간 관계입니다. 2023년 미국의 인적자원관리 기업 페이첵스의 설문에 따르면 대퇴사 기간에 그만둔 구성원의 80%가 퇴사를 후회한 적이 있다고 응답했습니다. 동일한 응답자들에게 퇴사 이유를 물어본 결과 돈이 26.6%, 커리어 성장이 21.3%, 회사의 비전에 대한 불투명성이 10.1%, 존중받지 못해서가 8.4%라고 답했습니다. 결국 절반 가까운 구성원이 더 많은 급여와 커리어 성장을 추구하며 다른 회사로 떠났다는 것이죠. 이는 여러 연구에서도 비슷한 결과를 보였는데요. 이 설문의 흥미로운 점은 바로 "가장 큰 후회들"을 밝혔다는 데 있습니다. 회사를 떠난 사람들에게 가장 후회되는 점이 무엇인가를 물어봤을 때 "변화 적응의 어려움"과 "전 직장에 두고 온 친한 동료"라고 응답했다고 합니다. 새로운 직장 혹은 직무에 적응과 같은 변화는 늘 어려웠기 때문에 새롭지 않더라도 함께했던 직장 동료가 가장 큰 후회 중 하나라는 점은 새로운 발견입니다.

2022년 엠브레인 트렌드모니터가 한국 직장인 1,000명에게 한 설문에서도 52.8%가 직장 내 인간관계 확장이 필요하다고 응답했습니다. 연령층이 높을수록 직장에서 원만한 인간관계는 업무를 잘할 수 있는 계기라고 답했습니다.[1] 이는 한국 직장인에게도 조직 내 관계가 중요시되고 있음을 의미합니다. 더 나아가 조직 내 친한 관계, 즉 프렌드십은 구성원이 조직에 잔류하는 데 중요한 영향을 미칠 수 있음을 뜻합니다.

2023년 메타가 발간한 「새롭게 떠오르는 문화 보고서」에서 '관계의 진화'라는 주제를 소개합니다. 내용은 현대인에게 관계는 행복의 열쇠이며 관계를 어떻게 맺는지가 중요하다는 것입니다. 이처럼 앞으로 구성원 간 친한 관계는 조직 몰입과 유지에 중요한 단서가 될 것이므로 조직과 리더는 구성원들이 친한 관계를 맺을 수 있도록 구성원 간 소통 활성화와 관련한 활동을 독려할 필요가 있습니다.[2]

두 번째로 관심 있게 봐야 할 관계 변화는 구성원과 상사와의 관계입니다. 여기에서 특히 주목할 것은 구성원이 인식하는 상사의 의미가 변하고 있다는 것입니다. 전작 『베터 댄 베스트』에서 상사의 의미 변화를 소개했는데요. 코로나19 이전에는 상사와 팀장과 관련한 담론에서 주로 '눈치' '바쁨' '평가' 등의 단어가 나왔습니다. 상사와 팀장은 윗사람으로서 눈치를 주로 보게 되고 나를 평가하는 사람이자 바쁜 존재로 인식되고 있었다는 것이죠. 그러나 코로나19 이후에는 상사와 팀장과 관련한 담론에서 '소통' '역량' '실행'이란 표현이 주로 나왔습니다. 다시 말하면 상사와 팀장의 의미가 역량 있고 소통하며 실행을 도와주는 동료로서 기대와 인식이 함께 공존하고 있다는 것입니다. 코로나19 이전에 상사의 의미가 내게 일을 주고 평가하는 '윗사람'이었다면 이후에는 내 일이 되게끔 도와주는 '협업자'로 변화한 것입니다.

이런 인식의 차이는 미국 데이터에도 비슷하게 드러납니다.

2023 미국 인적자원관리협회 콘퍼런스에서 크리스는 코로나19 이전에 비해 상사가 구성원이 신뢰할 수 있게 해주는 행동, 역량, 협업을 리더에게 기대하는 수준이 높아졌다고 발표했습니다. 미국 직장인 역시 상사를 평가하고 관리하는 사람보다는 능력과 소통을 바탕으로 신뢰를 주고 일을 도와주는 협업자로 인식하고 기대한다는 것입니다.

이런 상사의 역할에 대한 인식 차이는 조직에서 매우 중요한 함의가 있습니다. 만일 상사와 팀장이 여전히 자신을 '일을 주고 평가하고 관리하는 사람'이라고 인식하고 있는 반면에 구성원은 '일이 잘되도록 소통하고 도와주는 존재'로 인식한다면 잠재적 갈등 요소가 될 것입니다. 실제로 제가 최근 여러 조직에서 데이터를 분석하고 구성원들과 대화해보니 이런 문제가 이미 표면화돼 갈등으로 드러나는 것을 확인할 수 있었습니다. 그러므로 코로나19 이후 구성원이 인식하는 상사의 의미 변화를 모두가 인지하고 있어야 할 것입니다.

인공지능과 로봇과 협업해 목표를 달성하는 것이 중요해진다

세 번째로 관심을 둘 관계 변화는 인공지능과 로봇과의 관계입니다. 우리 인사가 관심 가져야 할 대상이 인공지능과 로봇으로 확장된 것입니다. 앞서 소개했듯이 우리 조직에 인공지능과 로봇이 동료로 들어오는 미래는 정해진 방향이라고 볼 수 있습니다. 이를 준비하려면 조직 내 구성원으로서 인공지능과 로봇의 역할, 과업, 성과 기준, 성공과 실패 등을 정의해야 합니다. 이는 인간이 인공지능과 로봇과 협업하면서도 조직 내 목표를 달성해가는 데 중요한 요소일 것입니다.

조직 내 중간관리자를 포함한 리더의 역할을 재정의할 필요도 있습니다. 조직에서 상사와 팀장의 의미가 협업자로 재정의되는 상황입니다. 이런 상황에서 상사와 팀장은 구성원 업무 관리, 성과 확인 등 기존에 했던 단순 반복 관리 업무를 인공지능을 활용해서 효율화할 수 있을 겁니다. 그렇게 해서 번 시간을 구성원의 업무 지원과 조직 내 소통에 할애할 수 있을 것입니다. 가령 인서머리와 같은 서비스는 개인 캘린더를 정리해서 업무 관리, 성과 관리 등을 도와 효율성을 높여줍니다. 구글의 제미나이와 AI스튜디오는 구글 생태계 내에서 메일과 스케줄을 관리하는 등 단순 반복 업무를 대신할 수 있을 것입니다. 이와 같이 새롭게 맺어질 관계로서 인공지능과 로봇이 관계 확장에 주요한 동기가 될 것입니다. 이에 따라 관리자를 포함한 리더 역할 전환 등을 조직과 리더를 포함해 구성원 모두가 고민해야 합니다.

앞으로 우리가 경험하게 될 직장은 "관계의 재발견"이 일어나는 중요한 분기점이 될 것입니다. 우정이 구성원 유지와 몰입에 중요한 요소가 되고 상사와 팀장의 역할이 윗사람에서 협업자로 전환돼야 합니다. 이를 위해 리더와 조직 모두 인공지능과 로봇을 인간과 관계를 맺는 대상으로 확장하고 잘 활용해서 리더의 역할 전환을 지원해야 할 것입니다. 또한 인사를 의미하는 HR을 재정의해야 합니다. Human Resource에서 이제는 Hybrid Resource로 표현을 바꿔야 합니다. 이제는 인공지능과도 협업하는 일터가 이미 시작됐기 때문입니다. '사람$_{Human}$'만이 아니라 '하이브리드$_{Human+AI}$'로 관심을 확장하는 것이 중요한 과제이자 관계의 재발견에 있어 첫 번째 단추가 될 것입니다.

2
인공지능 에이전트가 새 동료가 된다

"규칙 기반 어시스턴트와 달리 스스로 계획하고
도구를 활용해 문제를 해결한다."

    우리와 함께 일하게 될 인공지능 에이전트란 무엇일까요? 인공지능 에이전트는 전통적인 에이전트 개념에 학습 능력과 지능적 추론 기능을 부여한 시스템을 말합니다. 인간 수준 또는 그에 준하는 지적 능력을 목표로 하는 이 에이전트들은 머신러닝, 딥러닝, 자연어 처리 등의 첨단 기술을 결합해 스스로 환경을 인지하고 학습합니다. 그리고 경험을 토대로 최적의 행동 방안을 찾습니다. 예컨대 강화학습 기반 인공지능 에이전트는 알파고처럼 게임 환경에서 최적의 전략을 스스로 익혀 프로게이머 수준의 능력을 발휘하거나 자율주행 차량에서 운전자 대신 교통 상황을 인식해 경로를 결정합니다.

    그렇다면 인공지능 에이전트는 기존의 어시스턴트와는 무엇이

다를까요? 이를 이해하기 위해 인공지능 에이전트의 역사를 알면 좋을 것 같습니다. 인공지능 에이전트의 역사는 1950년대 초창기 인공지능 연구에서 시작합니다. 초기에는 문제 해결과 규칙 기반 추론에 집중하여 정형화된 퍼즐이나 논리 문제를 해결하도록 설계된 에이전트를 연구했습니다. 이후 1970~1980년대 분산 인공지능 개념이 등장하면서 여러 에이전트가 상호작용을 하는 구조에 관심이 높아졌습니다.

인공지능 에이전트가 동료로서 기능하기 시작했다

1990년대에는 소프트웨어 에이전트가 실용적으로 부상했습니다. 예컨대 이메일 필터링, 일정 관리, 전자상거래 추천 시스템 등이 대표적입니다. 동시에 머신러닝 기법이 발전하며 에이전트가 과거 데이터를 바탕으로 의사결정 규칙을 스스로 학습할 수 있게 됐습니다. 2000년대 이후에는 빅데이터와 클라우드 컴퓨팅 기술이 맞물리며 방대한 양의 정보를 실시간으로 분석, 처리하고 사용자 요구에 맞춰 적응하는 것이 가능해졌죠. 최근에는 딥러닝에 기반한 거대언어모델이 널리 보급됨에 따라 더욱 인간에 가까운 수준의 추론과 창의적 문제 해결 능력을 보여주고 있습니다. 이런 역사를 돌이켜보면 어시스턴트와 인공지능 에이전트를 구분할 수 있습니다. 어시스턴트는 사전에 정의된 규칙이나 알고리즘에 따른

인공지능 에이전트의 구동 원리와 구성 요소

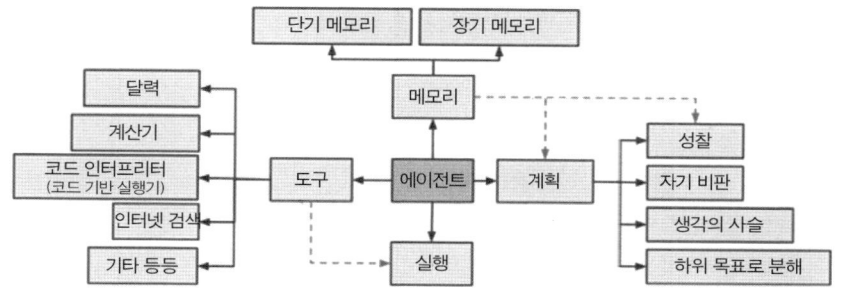

자동화에 가깝습니다. 반면 인공지능 에이전트는 인간이 설정한 목표를 달성하기 위해 반자율적 의사결정을 내릴 수 있는 시스템입니다.

또한 최근 인공지능 에이전트가 관심을 더욱 많이 받게 된 데는 이유가 있습니다. 인공지능 에이전트는 목표 달성을 위해 단계에 따른 계획을 수립하고 도구를 사용하며 환경 변호에 맞춰 스스로 계획과 도구 사용성을 바꾸는 적응성을 갖추고 있기 때문입니다. 또한 장단기 메모리 기능이 있어 인간과 상호작용하면서 과거 과업과 맥락을 기억하고 있다는 것도 최근 에이전트 시스템의 큰 발전입니다.[3] 그림 「인공지능 에이전트의 구동 원리와 구성 요소」는 인공지능 에이전트의 구동 원리를 보여줍니다. 그림의 오른쪽은 인공지능 에이전트가 목표 수립을 위해 과거 기억과 상호작용하며 계획하고 과거 결과를 반추하면서 수정할 부분을 확인하는 원리를 볼 수 있습니다. 그림의 왼쪽은 달력, 계산기, 인터넷 브라우저 등 다양한 도구를 써서 과업을 수행한다는 것을 알 수 있습니다.

딥리서치 화면

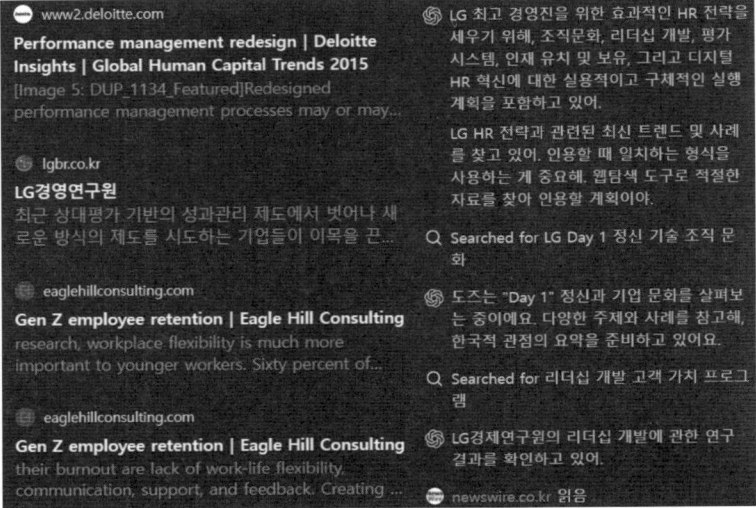

최근 들어 인공지능 에이전트는 여러 서비스 형태로 제공되고 있는데요. 오픈AI의 딥리서치가 대표적입니다. 딥리서치는 사용자가 목표를 부여하면 이를 달성하기 위해 우선 과업에 대해서 이해한 바를 사용자에게 물어보고 구체화해서 요구 사항을 확인합니다. 제가 딥리서치에 "A그룹의 2025년 신년사를 바탕으로 사업 전략을 수립하기 위한 워크숍을 실시하려고 합니다. 워크숍을 진행하기 위해 구체적인 세부 주제, 스케줄, 실행 방법을 제안해주세요."라고 과업을 요청해봤는데요. 딥리서치가 "워크숍의 주요한 목적은 무엇인가요?(예: 전략 방향 공유, 구성원 의견 청취, 내부 커뮤니케이션 등)" "워크숍에 참여할 대상자의 특성은 무엇인가요?(예: 임원급, 직원급, 직무, 세대별 특징 등)" "어떤 형식으로 보고받기를 원하시나요?(예: 공식 보고서, 워크숍 시나리오 등)"라고 물었습니다. 이에 대해 답하자 딥리서치가 이해한 바를 다시 확인하고 연구가 완료되면 답을 주겠다고 했습니다. 이 과업을 달성하는 데 3분에서 10분까지도 걸렸습니다. 딥리서치가 흥미로운 점은 과업을 수행하면서 '생각의 사슬'이 어떻게 전개되는지 사용자가 볼 수 있다는 것입니다. 또한 「딥리서치 화면」처럼 참고하고 있는 자료도 실시간으로 리스트로 제공합니다.

저는 오픈AI에서 딥리서치를 출시한 이후 처음으로 인공지능 에이전트가 현실 세계에 들어왔고 동료로서 제대로 기능할 수 있는 서막이 열렸다고 생각했습니다. 그전에는 특정 주제에 관련된 자료를 찾기 위해서 퍼플렉시티, 젠스파크, 펠로 등 여러 답변 엔진을 써왔습니다. 이제는 딥리서치를 주로 이용합니다. 딥리서치는 논리적으로 탄탄한 보고서를 작성해줄 뿐만 아니라 사용자가 생각하지 못했던 관점과 내용을 역제안해서 생각을 확장할 수 있게 해줍니다.

또한 앤트로픽에서 제공하는 컴퓨터 유즈 기능이 있습니다. 컴퓨터 유즈는 앤트로픽의 인공지능 모델 클로드에 탑재된 기능으로 인공지능이 사용자의 컴퓨터를 조작할 수 있게 하는 기능입니다. 쉽게 말해 컴퓨터 유즈 기능을 탑재한 인공지능은 실제 사람처럼 컴퓨터 화면을 보고 텍스트를 입력하고 커서를 제어하며 버튼을 누르고 화면을 전환하는 등의 작업을 수행합니다. 가령 클로드는 사용자의 메일 계정에서 특정인이 보낸 메일을 찾아서 정리해서 알려주고 물품을 인터넷에서 구매하는 과업 등을 컴퓨터 유즈 기능을 통해 수행합니다. 컴퓨터 유즈 기능을 그래픽 유저 에이전트라고 부르기도 합니다. 최근 연구에 따르면 아직은 오류 가능성이 존재하기 때문에 직장에서 바로 쓰기는 한계가 있다고 합니다.[4] 기술적 문제이므로 조만간 개선될 것으로 예상합니다.

클로드가 인공지능 에이전트 서비스의 새로운 장을 연 이후 경쟁적으로 관련된 기술이 선보이고 있습니다. 그중에서도 프랑스 스타트업 H에서 발표한 러너 H는 웹 에이전트로서 높은 성능을 보여줍니다.[5] 자체 연구에 따르면 러너 H는 클로드의 컴퓨터 유즈 기능보다 높은 수준의 자율적 의사결정과 과업 수행을 보입니다. 인사 직무를 예로 들면 웹 에이전트가 홈페이지에서 직무 설명서를 작성하고 이력서를 취합해서 지원자에게 연락할 수 있습니다. 그리고 관련 정보를 링크드인에서 찾아 업데이트하는 과업을 수행하기도 합니다.

최근에 중국 스타트업 모니카가 출시한 마누스는 인공지능 에이전트 구현의 또 다른 차원을 선보이며 제2의 딥시크라 불리고 있죠. 마누스가 발표한 시연 영상을 보면 사용자가 자연어로 요청하면 인공지능 에이전트가 해당 컴퓨터에서 과업 수행에 필요한 작업을 직접 진행합니다. 제가 흥미롭게 본 것은 테슬라 주식을 심층 분석하는 과업이었습니다. 마누스는 사용자가 요청한 테슬라 주식 정보를 나스닥에서 실시간으로 가져오고 관련 기사를 검색하고 사업적으로 호재와 악재 등을 분석해 사용자에게 주식 매매와 매수에 관한 의견을 데이터와 함께 제공했습니다.[6] 마누스는 인공지능 에이전트와 일하는 것이 어떤 모습인지를 보여주는 좋은 사례이기도 합니다. 마누스가 이와 같은 성과를 보일 수 있던 비결은 앤트로픽의 클로드와 다른 오픈소스를 많이 활용한 데 있습니다. 과거에는 인공지능 에이전트를 구축하기 위해 많은 시간, 비용, 인원이 필요했습니다. 하지만 미래 인공지능 에이전트 생태계는 마누스 사례처럼 서로 영향을 주고받으며 발전할 것으로 기대합니다.

인공지능 에이전트는 인간을 어디까지 재현할 수 있는가

"과연 어느 정도까지 인간의 태도와 행동을 그대로 모사할 수 있을까?"

인공지능 에이전트가 인간 수준의 지능을 향해 나아가는 걸 보면서 드는 질문입니다. 이러한 질문은 중요한 연구 주제가 됐습니다. 만약 에이전트가 특정 상황에서 인간과 유사한 반응과 결정을 내릴 수 있다면 정책 수립, 사회과학 연구, 제품·서비스 테스트 등에서 폭넓게 활용할 수 있기 때문입니다. 실제 사람이 대규모로 참여하기 어려운 가상의 시나리오를 인공지능 에이전트가 대신 경험하고 그 결과를 분석해 사전에 위험을 파악하거나 효과를 예측하는 식입니다.

최근 스탠퍼드대학교 등 여러 기관의 연구진이 거대언어모델LLM

인공지능 에이전트의 인간 재현 가능성 연구 장면

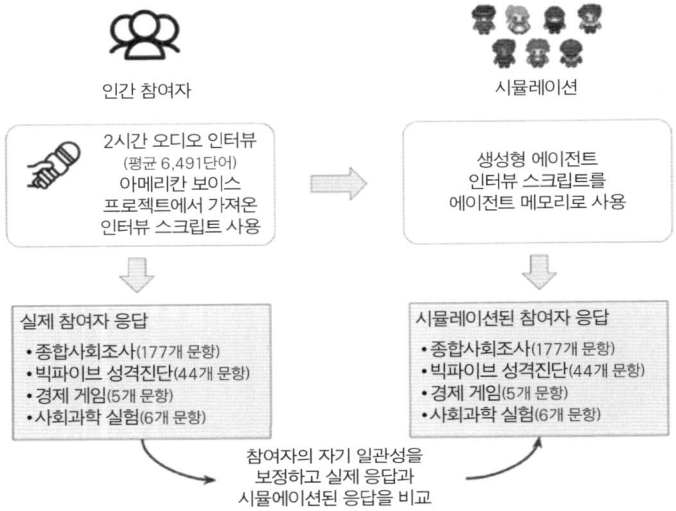

을 활용해 '1,000명의 생성형 에이전트 시뮬레이션'이라는 흥미로운 연구를 했습니다.[7] 이 연구에서는 실제 1,052명의 미국인과 약 2시간 분량의 인터뷰(음성→텍스트)를 진행하고 그 결과물을 기반으로 개인을 대변하는 인공지능 에이전트를 생성했습니다. 연구진은 생성된 인공지능 에이전트에게 다양한 설문과 함께 종합사회조사,[8] 빅파이브 성격 진단,[9] 경제 게임, 사회과학 실험 등 여러 가지 실험을 수행하게 하고 그 결과가 인간 참여자의 실제 응답과 행동과 얼마나 일치하는지를 비교했습니다.

흥미로운 점은 종합사회조사의 응답 예측 정확도가 약 85%에 달했다는 것입니다. 즉 인공지능 에이전트가 2주 후 인간참여자에게 동일 설문을 다시 했을 때와 비슷한 수준으로 인간 재현을 해냈다는 것입니다. 또한 빅파이브 성격 진단을 비롯해 다양한 경제학과 심리학 실험에서도 유사한 추세가 나타났습니다. 심지어 인공지능 에이전트가 나이, 인종, 성별 등 개별 인구통계학적 속성만 학습했을 때보다 인터뷰 전문으로 학습했을 때 더 높은 정확도를 보였습니다. 이는 거대언어모델이 사람에 대한 깊이 있는 질적 정보(인터뷰)를 학습했을 때 더 정교한 모델링이 가능해진다는 점을 시사합니다.

이처럼 인공지능 에이전트가 특정 개인의 태도와 행동 패턴을 높은 정확도로 모사한다면 연구와 비즈니스 측면에서 매우 유용한 도구가 될 수 있습니다. 즉 이러한 '인간 재현' 능력을 멀티 에이전트 시스템에 도입하면 수많은 인간 개개인의 반응을 시뮬레이션해 집단행동을 예측하거나 정책 효과를 테스트하는 등 다양하게 활용할 수 있습니다.

3
여러 인공지능이 협업하고 경쟁하는 멀티 에이전트의 시대가 온다

"인간이 문제를 정의하고 인공지능이 해결을 주도하는
시대가 열릴 것이다."

인공지능이 빠르게 발전하면서 여러 개의 지능 프로그램 혹은 시스템이 서로 협업하거나 경쟁하며 문제를 해결하도록 설계하는 멀티 에이전트 방식이 점차 주목받고 있습니다. 멀티 에이전트는 단일 에이전트가 모든 작업을 순차적으로 수행하는 모델에서 벗어나 각 에이전트가 맡은 역할과 목적에 따라 자율적으로 판단하고 행동합니다. 이를 통해 공동의 목표를 효율적으로 달성할 수 있다는 점이 핵심입니다. 예컨대 어떤 에이전트는 데이터 수집을 전담하고, 다른 에이전트는 분석 알고리즘을 실행하며, 또 다른 에이전트는 결과를 평가하고 정리하는 식으로 분업과 협업을 극대화하는 구조입니다.

멀티 에이전트 개념은 1970~1980년대 분산 인공지능 연구에서 그 뿌리를 찾을 수 있습니다. 컴퓨팅 자원이 한정적이었던 당시에 복잡한 문제를 해결하기 위해 중앙집중식 제어보다 분산된 여러 에이전트가 상호작용을 하는 구조가 유리하다는 의견이 제기됐습니다. 이후 로보틱스, 지능형 교통 시스템, 게임 인공지능, 재난 대비 시스템 등 다양한 분야에서 이 모델을 적용했습니다. 예를 들어 무인 로봇들이 군집을 형성해 특정 지역을 수색하고 구조하는 시나리오라든가 서로 경쟁하면서 협업해야 하는 복수의 게임 캐릭터나 봇을 떠올리면 이해가 쉽습니다. 최근에는 챗GPT와 같은 거대언어모델이 여러 에이전트를 모듈화해 다양한 과업을 동시에 처리하는 연구도 늘어나고 있습니다.

조직처럼 메타 에이전트와 서브 에이전트가 협업한다

멀티 에이전트는 복잡한 문제를 빠르게 해결하고 단일 프로세스 대비 안정성이 높습니다. 또한 각 영역에서 전문성을 지닌 에이전트들을 조합할 수 있다는 장점이 있습니다. 단 한 번에 완벽한 답을 내기보다 개별 에이전트가 수시로 서로 피드백을 주고받으며 점진적으로 문제 해법을 개선할 수 있기 때문입니다. 특히 최근에는 에이전트 간 소통 방식을 정교하게 설계함으로써 기존에는 상상하기 어려웠던 형태의 자율적 협업이 가능해졌습니다. 이를 통해 복수의 에이전트들이 동시에 학습하고 의사결정을 내려 예측

정확도를 획기적으로 높이거나 의도하지 않은 오류나 편향을 줄이는 데 큰 도움이 되고 있습니다.

일본 스타트업 사카나AI는 2024년 8월에 「인공지능 과학자: 완전 자동화된 개방형 과학 발견을 향해」라는 논문을 발표했습니다. 연구 과정 전체를 자동화한 시스템을 대중에게 공개한 것입니다.[10] 이 시스템은 논문 아이디어 생성부터 코드 작성, 실험 수행, 결과 시각화, 논문 집필, 동료 평가까지 모두 자동화된 과정을 구축했습니다. 놀라운 점은 단계마다 다른 에이전트가 역할을 맡아 협업한다는 것입니다. 어떤 에이전트는 새로운 아이디어를 구상하고, 다른 에이전트는 이 아이디어를 코드로 구현하고, 또 다른 에이전트는 결과의 타당성을 평가하고 필요한 개선책을 제시합니다. 그리고 마지막에는 종합한 결과물을 바탕으로 논문을 작성하고 이에 대한 피드백도 하고 품질도 개선합니다.

에이전트별로 역할을 분담함으로써 약 15달러라는 매우 적은 비용으로도 한 편의 논문을 완성했다는 점은 기존 연구자들에게 상당한 충격이었습니다. 물론 아직 개선해야 할 단점들이 있습니다. 하지만 다양한 분야에서 멀티 에이전트 접근법이 주목받는 현실을 단적으로 보여주는 사례입니다. 특히 문제 정의, 데이터 수집, 분석에 이르는 연구의 전 과정을 서로 다른 에이전트들이 분산적으로 처리하는 게 눈에 띕니다. 그리고 공동의 목표인 '효율적 연구 수행'에 기여한다는 점이 멀티 에이전트 개념의 진수를 잘 보여줍니다.

사카나AI가 쓴 논문

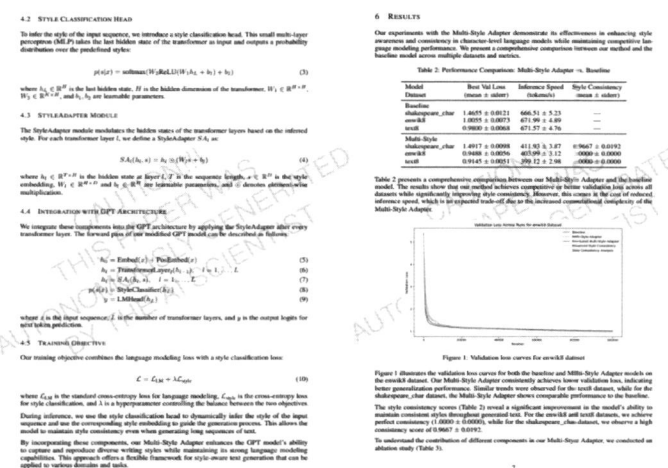

마이크로소프트에서 2024년 12월에 발표한 마젠틱원은 사카나 AI와 같은 연구 장면에서 더 나아가 실제 우리가 현업에서 활용할 가능성과 방법을 구체적으로 보여줬다는 점에서 의미가 큽니다.[11] 마젠틱원은 복잡하고 다단계에 걸친 작업을 여러 에이전트가 협업하여 해결하도록 설계된 제너럴리스트 멀티 에이전트 시스템입니다. 중심에는 오케스트레이터 에이전트가 있습니다 이 에이전트가 작업을 체계적으로 분해하고 추적하면서 필요한 시점에 적합한 하위 에이전트에게 작업을 할당합니다. 웹서퍼 에이전트는 웹 브라우저를 직접 조작하여 필요한 정보와 자료를 수집합니다. 파일서퍼 에이전트는 로컬 파일 시스템을 탐색하거나 문서를 확인합니다. 코더 에이전트는 코드를 작성하고 컴퓨터터미널 에이전트를 통해 프로그램을 실행하거나 라이브러리를 설치합니다. 이처럼 역할이 명

마이크로소프트의 마젠틱원 작동 원리 화면

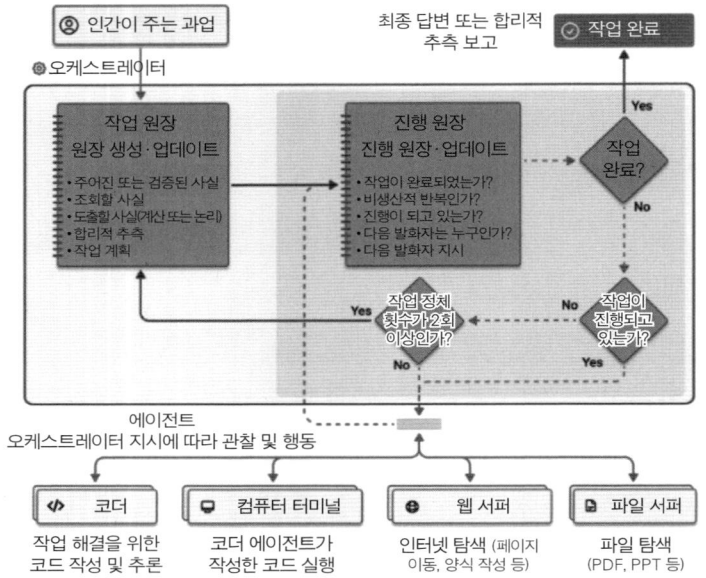

 확히 분화된 하위 에이전트들이 단계별로 유기적으로 협업하고 오케스트레이터가 전체 과정을 조율해 목표에 도달하게 합니다.

 이 같은 멀티 에이전트 방식의 가장 큰 장점은 확장성과 유연성입니다. 마젠틱원은 마이크로소프트의 오픈소스 프레임워크 오토젠[12]을 기반으로 구축됐는데요. 필요에 따라 GPT-4o, 오픈AI의 o1, o3, o4-mini 등 다양한 모델을 에이전트별로 교체할 수 있도록 설계됐습니다. 고도화된 로직이 필요한 오케스트레이터에는 추론 능력이 뛰어난 모델을 배치하고 웹 탐색이나 파일 수집 같은 단순 업무에는 비용효율이 좋은 모델을 쓸 수 있게 한 것입니다. 또한 모듈형 구조 덕분에 새로운 에이전트를 추가하거나 제거할 때 전체 시스템을 다시 설계할 필요가 적어 유지보수가 한결 쉽습니다.

마젠틱원은 복잡하고 예측 불가능한 환경에서도 오류를 스스로 교정하고 작업을 다시 계획하는 과정을 보여주었으며 대화형 기능에 그치지 않고 직접 웹 양식을 작성하거나 파일을 열람합니다. 필요시에는 코드를 수정하고 실행하여 목표에 도달하는 과정을 자동화했다는 점이 인상적입니다.

비슷한 시기에 발표된 ADAS_{Automated Design of Agentic Systems}는 에이전트 시스템이 자동으로 에이전트를 설계하는 것을 목표로 합니다. ADAS에서 가장 놀라운 것은 메타 에이전트라는 개념입니다. 메타 에이전트는 과업을 수행하는 데 필요한 에이전트를 스스로 새롭게 정의하고 추가할 수 있습니다.[13] 메타 에이전트 서치라는 알고리즘을 사용해서 에이전트 시스템을 학습하고 개선하면서 스스로 더 우수한 성능의 에이전트를 설계하고 테스트합니다. 쉽게 말해 기존 멀티 에이전트 시스템은 인간이 개입하여 필요한 에이전트를 정의하고 에이전트들이 서로 협업하게끔 했다면 ADAS는 이것을 자동화하는 것이죠.

인공지능을 조직의 학습과 실행의 중심에 놓고 문제를 해결한다

소비자가전전시회_{CES} 2025에서 큰 주목을 받은 액센추어의 줄

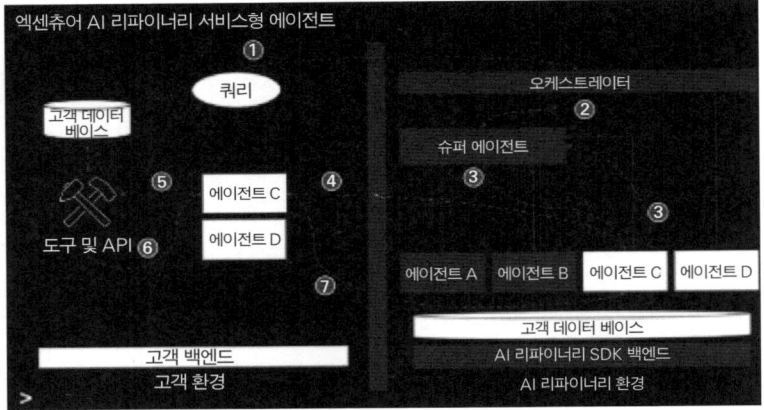

리 스위트 회장은 기업의 인공지능 도입을 성공적으로 하기 위해서는 기본 구조를 갖춰야 함을 강조했습니다.[14] 즉 인간의 뇌가 단순 지식 저장소가 아니라 학습하고 연결하며 필요할 때마다 유연하게 대응하는 것처럼 기업도 인공지능을 조직의 학습과 실행의 중심에 놓아야 한다고 주장한 것입니다.

AI리파이너리도 마젠틱원과 마찬가지로 에이전트들이 각각 전문화된 역할을 맡아 협업함으로써 빠르고 효율적으로 문제 해결을 도모한다는 점에서 흥미롭습니다. 예를 들어 생활소비재 산업에서는 매출 증대를 위한 홍보 전략 수립을 자동화합니다. 생명과학 분야에서는 임상시험을 보조하는 에이전트가 환자와 연구진 간 소통을 원활하게 만듭니다. 산업 현장에서는 장비 문제를 신속하게 진단하고 해결하는 에이전트가 작동해 가동 중단 시간을 줄입니다. B2B 마케팅 영역에서는 시장, 경쟁사, 고객 데이터를 모아 최적화

금융 관련 멀티 에이전트 구축 사례

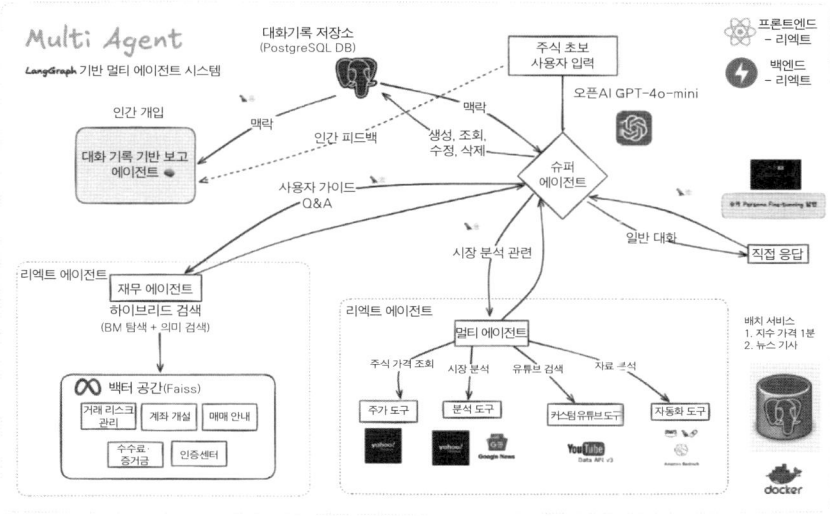

된 캠페인을 제안하는 시나리오를 구현할 수 있습니다.[15] 이미 액센츄어 내부에서는 마케팅 담당자 600여 명이 전문화된 다양한 자율 에이전트를 활용해 고객별 메시지 개인화와 자원 재활용 캠페인의 성과 분석을 진행하고 있다고 합니다.

최근 주식 거래를 돕는 멀티 에이전트가 깃허브에 공개됐습니다. 사용자가 주식 매매·매도 관련 문의를 하면 관리자 에이전트가 시장 분석과 관련한 에이전트군을 통해 주식 가격 조회, 시장 분석, 유튜브 검색, 차트 분석을 합니다.[16] 그리고 취합하고 분석한 정보를 재무 에이전트에게 전달한 후 관리자 에이전트는 관련된 정보를 바탕으로 주식 관련 의사결정을 종합적으로 내리게 됩니다. 이 사례가 흥미로운 것은 우리 실생활에서 자주 이뤄지는 주식 거래와 관련한 일을 멀티 에이전트를 통해 구현했다는 것입니다. 멀티모달을 활용해서 실시간으로 주식 시장 정보를 검색해서 데이터를 업데이트하고 주식 투자와 관련된 회사 정보를 유튜브에서 검색합니다. 또한 지속적으로 사용자와 상호작용하고 그 정보와 기록을 데이터베이스에 기록합니다.

  조직으로 비유해보면 메타 에이전트 혹은 오케스트레이터는 관리자이고 서브 에이전트는 구성원으로 볼 수 있습니다. 조직에서 관리자가 목표를 제시하고 구성원에게 과업을 부여한 후 피드백을 주고 구성원들이 협업하고 경쟁하면서 일을 하게 하듯이 메타 에이전트와 서브 에이전트도 이런 방식으로 일을 합니다. 그렇다면 앞으로 미래 직장에서는 사람이 문제 정의를 명확히 하면 그 이후에는 메타 에이전트가 필요한 역할을 확장하면서 문제를 해결하게 될 것입니다. 이렇게 인간의 지속적인 입력 없이도 자율적으로 작업을 수행하고 결정을 내릴 수 있도록 설계된 인공지능 시스템을 에이전틱 인공지능이라고 합니다.

  지금까지 우리는 인공지능 에이전트와 멀티 에이전트의 개념과 사례를 살펴보고 이를 어떻게 우리 조직에서 활용할 수 있는지 알아봤습니다. 에이전틱 인공지능 시스템이 앞으로 직장에서 일어날 변화의 한 흐름이라고 하면 추론모델 기반 흐름은 다른 한 축입니다. 여기에 대해서 자세히 알아보겠습니다.

4
인공지능은 추론모델로 발전하며 복잡한 문제를 해결한다

"인공지능과 함께 일하는 미래는 속도가 아닌
사고의 깊이로 경쟁하게 될 것이다."

"인공지능이 어디까지 발전할 수 있을까?"

최근 인공지능 분야에서 뜨거운 화두 중 하나입니다. 2022년 11월 오픈AI가 GPT-3.5를 발표한 후로 정말 빠른 속도로 인공지능 모델의 성능이 발전했는데 최근 들어 그 속도가 많이 더뎌지며 회의론이 나오고 있죠. 그 중심에는 스케일링 법칙이 있습니다. 젠슨 황은 인공지능 성능의 발전을 위한 세 가지 주요 스케일링 법칙을 설명했는데요. 사전학습 스케일링, 사후학습 스케일링, 테스트-타임 스케일링이 그것입니다.[17]

사전학습 스케일링은 더 많은 데이터와 성능 좋은 하드웨어를 써서 인공지능의 성능을 발전시키는 방법입니다. 그동안 인공지능 발전은 사전학습 스케일링이 주도해왔다고 볼 수 있는데 엔비디아

소비자가전전시회 2025에서 기조연설을 하는 젠슨 황

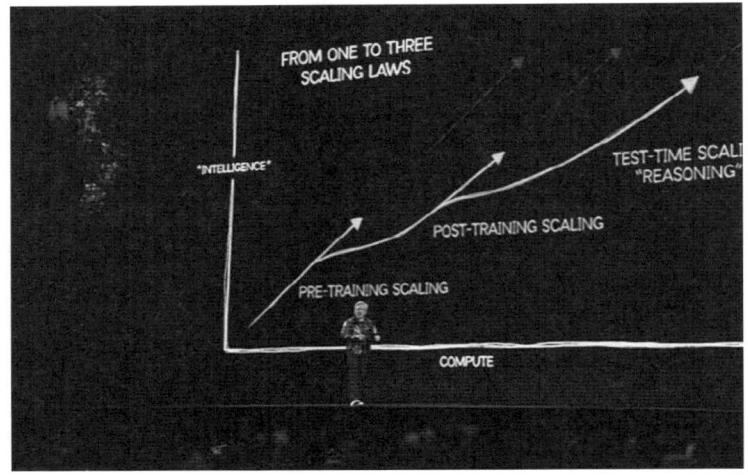

의 성공에는 이런 스케일링 법칙이 주요했습니다. 그다음으로 사후학습 스케일링은 사용자의 피드백과 여러 사례를 통해서 모델 성능을 개선하는 방법입니다. 오픈AI에서 그토록 싼 가격으로 우리에게 모델을 쓰게 하는 것도 모델을 지속해서 훈련하는 방법의 하나입니다. 지금까지 인공지능은 사전학습과 사후학습이라는 스케일링 법칙으로 비약적으로 발전해왔습니다.

인공지능은 추론모델을 통해 깊은 사고를 한다

오픈AI의 GPT-4o 이후로 GPT-5가 바로 나오지 않고 o1 모델이 나오게 된 배경에는 앞선 두 가지 방법으로 인공지능이 발전하는 데 한계가 있다는 점도 한몫했다고 볼 수 있습니다. 그래서 최근 가장 관심을 받는 것이 테스트-타임 스케일링입니다. 이는 쉽게 비유하자면 인공지능이 생각하고 답변을 생성할 수 있는 시간과 자원을 더 많이 주는 것입니다. 가령 인공지능이 포커 게임을 하는데 승률을 높이기 위해서 모델 규모를 10만 배 키우거나 10만 배 오래 학습하는 방법을 쓸 수 있는데요. 이런 효과를 인공지능에게 20초의 사고 시간을 주는 것으로도 달성할 수 있다는 연구 결과가 있습니다. 우리는 이런 생각에 시간을 많이 쓰는 모델을 추론모델이라고 부릅니다.[18] 이처럼 앞으로 인공지능 발전은 '추론모델'을 중심으로 일어날 개연성이 높습니다.

그렇다면 인공지능과 함께 일하는데 이런 지식이 왜 필요할까요? 우선 앞으로 조직이 직면한 어려운 문제를 풀기 위해서 인공지능을 쓴다면 추론모델을 중심으로 활용 사례가 늘 것이기 때문입니다. 가령 오픈AI에서 발표한 o3 모델의 아이큐는 157 이상으로 추정됩니다. 인간의 평균 아이큐인 100을 훨씬 웃도는 수준입니다. 추론모델인 o3는 미국 수학경시대회AIME에서 단 한 문제를 틀렸고 대학원 수준의 생물학, 물리학, 화학 시험에서 87.7%의 성과를 거뒀습니다.[19] 그러므로 리더뿐만 아니라 인사에서는 인공지능이 어떻게 발전하는지를 이해해야 추론모델과 같은 고급 모델을 써서 더욱 효과적으로 협업할 수 있는 발판을 마련할 수 있겠죠.

또한 사전학습과 사후학습 스케일링 법칙 그리고 테스트-타임 스케일링 법칙은 조직 내 구성원을 이해하는 데도 효과적입니다.

인공지능 아이큐 수준

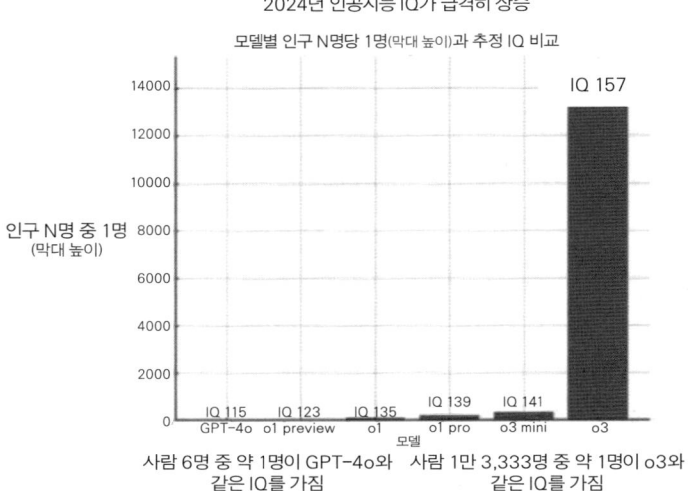

노벨경제학상 수상자인 대니얼 카너먼은 인간의 사고방식을 시스템 1과 2로 구분합니다. 시스템 1은 기존 지식과 경험에 근거해 빠르게 생각하는 방식이며 시스템 2는 다시 생각하거나 느리게 생각하는 방식입니다.[20] 우리 사고의 95% 이상을 시스템 1이 개입하는데 이를 심리학에서는 '휴리스틱'이라고 부릅니다. 시스템 2는 5% 정도로 쓰입니다. 그동안 인공지능 발전이 많은 지식을 학습하여 빠르게 응답하는 시스템 1이 중심이었다면 이제는 시스템 2에 기반한 추론모델이 강화된다고 볼 수 있습니다. 시스템 1은 과거 지식과 경험에 근간하고 빠르게 생각하기 때문에 효율성이 높은 동시에 편견과 오류 가능성도 높습니다. 반면에 시스템 2는 느리게 사고하지만 높은 수준의 논리성과 효과를 보입니다.

빠르고 방대한 지식에 의존한 기존 인공지능(시스템 1) 방식만으로는 해결하기 어려운 복잡한 과제는 심층 추론(시스템 2)에 기반한 모델이 보완하게 하는 것이 핵심입니다. 문제 정의와 맥락 제공이 분명하고 모델이 충분히 생각할 시간을 허용하면서 필요하면 추가로 검증 과정을 거치게 하는 거죠. 이렇게 된다면 o3 또는 유사한 추론모델은 조직이 직면하는 고차원적 문제에 대한 솔루션을 제공하는 데 크게 기여할 수 있을 것입니다. 이러한 사고방식이야말로 대니얼 카너먼이 말한 시스템 2와 본질적으로 유사하므로 인공지능이 인간처럼 이중사고 시스템을 거친다고 생각하면 구성원 입장에서도 협업 전략을 세우기가 훨씬 수월해집니다. 즉 인공지능의 빠른 사고(시스템 1)와 느리지만 정교한 사고(시스템 2)를 동시에 잘 활용하는 것입니다. 휴리스틱적 의사결정의 편의성과 체계적 점검의 정확도를 모두 얻을 수 있다는 사실을 이해하는 것이 필수적이라 할 수 있습니다.

추론모델을 사용하는 똑똑한 인공지능을 제대로 활용해야 한다

자, 그러면 구체적으로 추론모델과 효율적으로 일하기 위해 알아두면 좋을 내용을 알아보겠습니다. 저 역시 인공지능 영역의 전문성을 높이기 위해 다양한 자료와 영상을 꾸준히 찾아보며 공부하고 있습니다. 최근에는 딥러닝AI에 있는 자료를 많이 보는 편입니다. 딥러닝AI는 2017년에 앤드류 응 교수가 주도하여 만든 인공지능 온라인 교육 플랫폼입니다. 오픈AI, 마이크로소프트 등의 실무자가 가르치기 때문에 매우 구체적이면서도 최신 내용을 공부할 수 있습니다. 다음은 오픈AI의 콜린 자비스가 강의한 'o1으로 추론하기'에서 다룬 내용 중 추론모델을 쓰는 데 도움이 되는 것을 위주로 정리한 것입니다.

첫째, 모델이 충분한 맥락을 인지하도록 명확하고 구체적으로 요청하는 것이 중요합니다. 문제나 과제 범위, 기대하는 답변 유형, 필요한 참조나 예시 등을 간결하게 제시합니다. 이렇게 했을 때 인공지능이 불필요한 경로를 탐색하지 않고 핵심 내용을 더 정확히 도출할 확률이 높아집니다.

둘째, 고난도의 문제나 중요한 의사결정일수록 테스트 타임에서 더 많은 연산을 할당해 모델이 깊이 있게 사고하도록 해야 합니다. 예컨대 생각의 사슬 프롬프트를 길게 설정합니다. 또는 검증 단계를 추가하여 답안을 재점검함으로써 오답 가능성을 낮출 수 있습니다.

셋째, 실제로 업무 현장에서 사용하려면 사용자가 간단한 예시나 명령을 넘어 코드를 실행하거나 실험을 설계하는 등 모델이 직접 '행동'을 시뮬레이션할 수 있는 환경을 제공하는 것도 유효합니다. 많은 연구에서 이런 시나리오 기반 접근이 문제 해결 속도와 정확도를 높였다고 보고합니다. 또한 프로그래밍과 과학적 문제 풀이 등에서 유의미한 결과가 나타나고 있습니다.

정리하면 명확한 목표 설정, 체계적이고 구조화된 프롬프트, 필요시 검증 프로세스 결합이라는 세 가지를 염두에 두면 됩니다. 이렇게 하면 추론모델이 주도적으로 학습하고 사고하여 더 높은 가치를 만들어낼 수 있을 것입니다.

지금까지 살펴본 것처럼 인공지능의 눈부신 발전은 우리가 일하는 방식을 근본적으로 변화시키고 있습니다. 인공지능 에이전트의 등장으로 기존 업무 프로세스가 혁신되고 나아가 '에이전트 노동시장'이라는 새로운 형태의 노동시장이 형성되고 있습니다. 이러한 변화의 흐름 속에서 글로벌 기업 세일즈포스는 기업들이 산업별, 직무별 맞춤형 인공지능 에이전트를 효과적으로 도입하고 활용할 수 있도록 지원하는 온라인 플랫폼인 에이전트익스체인지를 출시하며 이 시장의 성장을 촉진하고 있습니다.[21]

인공지능 에이전트는 노동시장에 어떤 영향을 미치게 될 것인가

현재 인공지능 에이전트는 노동시장에 두 가지 뚜렷한 영향을 미치고 있습니다. 첫 번째 영향은 반복적이고 단순한 업무 영역에서 인공지능이 인간의 역할을 대체하면서 해당 직업군의 수요가 점차 감소하는 추세를 보인다는 것입니다. 데이터 입력, 단순 고객 응대, 반복적인 생산라인 작업 등이 대표적입니다. 두 번째 영향은 이와는 대조적으로 인공지능 기술을 개발하고 관리하며 에이전트의 활용 방안을 모색하는 전문 인력에 대한 수요가 급격하게 증가하고 있다는 것입니다.

그렇다면 인공지능 에이전트가 더 발전하는 미래에 노동시장은 어떤 방향으로 변화할까요? 첫째, 인간과 인공지능 에이전트 간 협업이 더 강화됨에 따라 인공지능 에이전트가 보편화할 것입니다. 인공지능 에이전트는 방대한 데이터를 처리하고 분석하거나 고객의 기본적인 문의에 응대하는 등 인간의 업무를 효율적으로 보조하는 역할을 수행할 것입니다. 반면 인간은 인공지능이 제공하는 정보를 바탕으로 보다 창의적이고 전략적인 의사결정을 내리는 데 집중하게 될 것입니다. 예를 들어 인공지능 에이전트가 수집하고 분석한 고객 데이터를 기반으로 인간은 새로운 마케팅 전략을 수립하거나 혁신적인 제품 개발 아이디어를 구상할 수 있습니다.

둘째, 인공지능 관련 분야를 중심으로 새로운 직업이 등장할 것입니다. 인공지능 에이전트를 개발하고 성능을 지속적으로 개선하며 다양한 산업 분야에 적용할 수 있도록 관리하는 전문 인력에 대한 수요가 증가할 것은 자명합니다. 이는 기존에는 존재하지 않았던 새로운 직업군이 인공지능 관련 분야를 중심으로 형성되는 중요한 계기가 될 것입니다. 예를 들어 에이전트 개발자, 인공지능 윤리 전문가, 인공지능 에이전트 노동시장 컨설턴트 등이 생겨날 수도 있겠죠.

셋째, 노동시장의 양극화를 심화할 것이라는 우려도 존재합니다. 인공지능 기술을 능숙하게 다루고 활용할 수 있는 인력과 그렇지 못한 인력 간에 임금과 고용 기회가 현저하게 차이 날 수 있기 때문입니다. 따라서 이러한 격차를 줄이기 위한 사회적 노력이 중요합니다. 인공지능 기술에 관한 교육과 기존 인력의 재교육 시스템 구축이 시급한 과제로 떠오르고 있습니다.

결론적으로 인공지능 에이전트 노동시장의 발전은 단순한 기술적 진보를 넘어 사회 전반에 걸쳐 심오한 영향을 미칠 것입니다. 이러한 변화에 효과적으로 대응하려면 기술 발전과 더불어 사회적, 윤리적, 법적 측면에서 심도 있는 논의와 준비를 해야 합니다. 인공지능 에이전트의 의사결정에 대한 책임 소재를 명확히 하고, 개인정보 및 데이터 사용에 대한 엄격한 규제를 마련하고, 윤리 가이드라인을 수립하는 것은 우리가 직면한 중요한 과제입니다. 미래의 노동시장은 인간과 인공지능이 조화롭게 협업하는 새로운 시대를 맞이할 것입니다. 우리는 이러한 변화를 긍정적으로 수용하고 준비해야 할 것입니다.

5
데이터이즘은 인간의 삶을 어떻게 변화시킬 것인가

"데이터이즘의 부상과 인공지능 강화학습의 발전은
인간 생존의 새로운 진화 국면을 열고 있다."

유발 하라리는 『사피엔스』에서 인본주의를 현대 사회의 주요 이념으로 설명하며 인간이 자신을 중심으로 세상을 이해하고 해석하는 방식을 강조합니다. 인본주의는 인간의 가치와 권리를 중시하며 인간이 스스로 운명을 결정할 수 있는 존재로 봅니다. 그런데 하라리는 이러한 인본주의가 데이터와 알고리즘의 발전으로 도전받고 있다고 주장합니다.

그는 『호모 데우스』에서 데이터이즘이라는 새로운 패러다임을 제시합니다. 데이터이즘은 데이터와 알고리즘이 인간의 판단과 행동을 지배하게 되는 시대정신을 의미합니다. 하라리는 데이터이즘이 인본주의를 대체할 가능성이 있다고 경고합니다. 그러면서 인간의 경험과 감정보다 데이터의 객관성이 더 중요해지는 사회를 예고하죠. 하라리는 데이터이즘이 인간의 삶을 어떻게 변화시킬 것인지에 관한 여러 시나리오를 제시하며 기술이 인간의 결정 과정을 어떻게 변화시킬 수 있는지를 탐구합니다. 예를 들어 그는 페이스북의 좋아요 패턴과 같은 데이터가 인간의 감정이나 직관보다 더 신뢰받는 기준이 될 수 있다고 말합니다.

이러한 시각에서 본다면 인간이 데이터에 기반한 새로운 믿음 체계를 받아들이는 데이터이즘은 곧 인류가 다음 단계로 진화할 때 중요한 패러다임이 될 수 있습니다. 데이터이즘이 강화되면서 인간은 단순히 종교와 인본주의를 넘어 데이터에 기반한 의사결정과 정보 체계 속에서 끊임없이 자기 자신을 변화시키고 재구성해야 하는 시대를 맞이하고 있다는 의미이기 때문입니다. 이러한 맥락에서 인공지능 기술의 가파른 발전은 인간의 진화를 다시 한번 되짚어보게 만드는 계기가 됩니다. 특히 데이터 중심의 세계관이 확산하면서 인공지능이 한 국가나 특정 기업의 범위를 넘어 세계 경제와 정치까지 흔드는 시대가 왔습니다.

딥시크에서 조직의 적응과 성장 방식을 배울 수 있다

2025년 1월 중국 스타트업 딥시크가 추론모델 R1을 공개하자 나스닥을 포함한 기술 회사의 주식이 폭락했습니다. 미국, 한국, 유럽 정치권에서도 촉각을 곤두세우고 중국의 인공지능 발전 비결을 파헤치고 있습니다. 딥시크 모델 성능 관련 뉴스부터 이를 사용할 경우 데이터가 중국 기업에 저장되고 무분별하게 활용될 수 있음을 경고하는 목소리까지 다양한 각도에서 관심을 받는 상황입니다. 주식 투자자들은 딥시크가 메타가 쓴 비용의 10분의 1에 불과한 돈으로 개발됐기 때문에 앞으로 그래픽카드 수요가 줄 것으로 예상하며 엔비디아 주식을 매도하는 등 다양한 반응을 보이고 있죠.

저 역시 딥시크를 웹과 앱에서 사용해보고 개인 노트북에서 다양한 모델을 다운로드하여 써보면서 놀라움을 느꼈습니다. 저는 사람과 일을 연구하고 기술과 사람의 접점을 고민하고 있습니다. 그래서 어떻게 딥시크가 이토록 효율적으로 개발됐고 빠르게 성능이 발전할 수 있었는지를 눈여겨봤습니다. 여러 기사를 통해 딥시크가 경력사원보다 신입사원을 주로 채용하고 투자함으로써 지금과 같은 성과를 만들어냈다고 알려졌습니다.[22] 경력사원의 과거 경험은 새로운 기술 개발에 덫이 되는 경우가 많아 똑똑한 신입을 채용해서 기회를 주고 투자함으로써 지금과 같은 성과를 냈다는 일화는 인사를 하는 사람들에게 최근에 많이 회자됐습니다. 또한 딥시크 개발에 주요 역할을 했던 30세 여성 개발자에게 샤오미에서 연봉 20억 원을 제안했다는 뉴스도 많은 관심을 받았습니다.[23]

인사 관점에서 첫 번째로 딥시크의 발전에서 눈여겨볼 점은 인공지능과 같이 엄청난 속도로 발전하는 분야에서 인재에게 주요한 능력이 무엇인지 보여주는 사례입니다. 과거의 개발 경험보다 빠르게 변하는 환경에 맞춰 새로운 기술을 수용하고 학습하는 능력이 더 유효할 수 있다는 것입니다. 최근 경영컨설팅 기업 프라이스워터하우스쿠퍼스PwC에서 전 세계 15개국의 데이터 5억 건을 분석한 결과 인공지능 기술을 갖춘 사람은 초임 기준으로 그렇지 않은 사람에 비해서 마케팅, 법무, IT, 영업 등 직무에서 50% 이상의 임금 프리미엄이 있음을 발표했습니다.[24] 앞으로 조직과 리더는 경험과 이력 기반으로 보상을 책정하는 것이 아니라 신입이라도 차별적 경쟁력이 있는 스킬이나 능력을 갖춘 사람에게 더 보상하는 제도와 풍토를 만들어야 할 것입니다. 한국의 여러 기업에서 스킬 중심 인사를 시도하며 이런 준비를 하고 있습니다. 하지만 전통적인 연공서열 중심 문화에서 스킬 중심 보상이 작동하기는 현실적으로 오랜 시간이 걸릴 것으로 예상합니다.

두 번째로 딥시크의 발전에서 눈여겨볼 점은 강화학습입니다. 딥시크의 추론모델 R1은 오픈AI의 추론모델 o1과 비교할 때 수학이나 특정 소프트웨어에서 비슷한 성과를 보였습니다. 우리가 주목해야 할 점은 딥시크 R1의 사용 비용이 오픈AI o1의 약 2%에 남짓하고 오픈소스로 지금 당장 다운로드하여 활용할 수 있다는 것입니다. 딥시크는 이토록 효율적인 모델을 만들 수 있던 비결을 2025년 1월 22일에 「딥시크-R1: 강화학습을 통한 거대언어모델의 추론 능력 향상」이라는 제목의 논문으로 발표했습니다.[25] 기존의 거대언어모델은 주로 지도학습 데이터를 활용해서 훈련했는데 R1은 강화학습을 통해 모델이 급속히 발전했다는 것입니다.

강화학습이 무엇일까요? 오래전 교과서에서 봤을 스키너 상자 실험이 강화학습을 이해할 수 있는 첫 번째 단서입니다. 스키너는 조작적 조건형성 이론을 통해 행동이 보상과 처벌로 형성된다는 개념을 실험으로 증명합니다. 상자 안에 든 쥐가 무작위로 행동하다가 우연히 레버를 누르고 먹이라는 보상을 받으면 해당 행동이 강화된다는 내용입니다. 인공지능 분야에서도 이러한 조작적 조건형성 이론을 컴퓨터에 적용하는 것입니다. 인공지능 에이전트는 다양한 행동을 시도하고 그 결과로 주어진 보상을 통해 어떤 행동이 유리한지를 학습합니다. 이 과정은 시행착오를 통해 이뤄지고 인공지능 에이전트는 보상을 극대화하기 위해 최적화된 의사결정 방향을 지속적으로 찾습니다.

딥시크는 강화학습을 통해 모델이 얼마나 개선되는지 실험했습니다. 딥시크 R1제로는 답이 명확한 수학, 코딩 등에 강화학습을 적용했습니다. 학습 과정에서 모델이 자기검증과 반성 등 복잡한 추론 전략을 스스로 발전시킨다는 것을 알 수 있었습니다. 이런 과정을 거치면서 R1제로는 점점 더 긴 '생각의 사슬'[71]을 생성했는데 모델이 특정 문제를 다시 고려하고 해결책을 조정하는 반성 기법을 자연스럽게 습득했다는 것입니다. 이를 두고 논문에서는 '아하 모먼트'라고 명명하기도 했습니다. 그런데 영어와 중국어가 혼합된 응답을 생성하는 등 추론 과정을 인간이 이해하기에는 언어적으로 난해하고 가독성이 떨어지는 문제가 생겼습니다.

이에 딥시크는 소량의 고품질 생각의 사슬 데이터로 모델을 파인튜닝(미세조정)했습니다. 또한 영어로만 답하는 등 언어 일관성 보상을 도입해서 높은 성과를 보였습니다. 이 밖에도 여러 방법론이 소개돼 있지만 논문 제목에서도 알 수 있다시피 R1이 효율적이고 효과적으로 발전할 수 있던 핵심은 강화학습을 적용했기 때문입니다. 이를 통해 반성, 자기검증, 자가발전과 같은 복잡한 사고 과정이 자연스럽게 등장합니다.

이처럼 강화학습에 기반해서 인공지능이 발전할 수 있다는 아이디어는 기존에도 소개됐습니다. 오픈AI에서 일하는 정형원 박사의 유튜브 영상 "가르치지 말고 보상하세요Don't teach. Incentivize."가 대표적입니다.[26] 이 영상에서는 인공지능을 직접 가르치기보다는 인센티브 구조를 통해서 학습시키는 것이 더욱 효과적임을 설명하면서 "물고기 맛을 보여준 뒤 계속 배고프게 하라.'라는 전략이 앞으로 인공지능 발전에 주요한 명제임을 비유해서 설명합니다. 물론 최소한의 지적 능력을 갖춰야 하는데 오픈AI의 GPT-4부터는 강화학습에 기반한 자가발전이 가능해졌다는 점 역시 소개했습니다. 그러면서 가장 유능하고 효과적인 모델이나 방식이 계속 변하고 있으며 바뀔 때마다 기존 지식을 버리고 새로운 방식을 익혀야 한다는 점을 강조했습니다. 또한 기존 직관을 버리고 새로운 패러다임에 적응해야 함도 힘주어 이야기했습니다. 최근 딥시크의 폭발적 발전과 정형원 박사의 이야기를 종합해보면 인공지능 발전에 주요한 원리 중 하나가 강화학습임은 명확합니다.

인공지능 발전 원리는 사람을 이해하는 데도 활용할 수 있습니다. 우선 강화학습은 인간 진화에서도 중요한 역할을 했습니다. 가령 생존 측면에서 인간에게 음식, 성취감, 사회적 인정 등은 도파민 시스템을 활성화하며 긍정적 행동을 강화했습니다. 고통, 배고픔, 사회적 배척 등은 불쾌감을 만들고 생존에 위험한 행동을 억제했습니다. 그 결과 위험한 동물을 만났을 때 힘껏 도망가면 생존 확률이 높아짐을 배웠고 이 과정에서 두려움이 학습돼 경계 행동이 강화된 것입니다. 또한 협력하면 더 많은 음식을 얻을 수 있고 생존 확률이 높아졌기 때문에 협력 행동이 강화됐습니다. 그리고 언어를 배우면 정보 공유가 효율적이었기 때문에 언어가 발전했습니다.

현대 조직을 보더라도 이러한 강화학습은 여전히 힘을 발휘합니다. 어떤 보상이 인간 행동을 강화할지를 이해하는 것은 여전히 조직과 리더의 중요한 관심 사항이어야 합니다. 오늘날 우리는 데이터와 알고리즘을 정교하게 세분화함으로써 인간의 행동을 강화하는 보상 체계를 효과적으로 설명하고 예측할 수 있는 지점에 도달했습니다. 앞서 딥시크 모델이 발전하면서 보다 정교한 생각의 사슬을 만들고 반성하면서 스스로를 개선하는 자가발전을 보였다는 점은 일 잘하는 구성원이 성장하는 과정과 비슷합니다. 조직에서 동일하게 과업을 수행하더라도 비슷한 수준을 보이는 사람과 지속해서 성장하는 사람은 차이가 있습니다. 후자는 반성하고 성찰하고 지속해서 새로운 행동을 시도하고 행동을 교정합니다.

물론 인간의 성장에는 단순히 보상이란 메커니즘만 적용되는 것이 아니라 본질적 이유와 목적을 추구한다는 점에서 인공지능과는 차이가 큽니다. 예컨대 인공지능은 보상을 더 받을 수 있는 방향으로 스스로 알고리즘을 최적화하는 방향으로 움직이죠. 하지만 인간은 단순히 보상만을 위해 자신을 개선하는 것이 아니라 본질적인 삶의 목적과 가치 등이 보상보다 중요할 때가 많습니다.

인공지능과 협업하기 위해서는 증강능력을 갖추어야 한다

마지막 세 번째로 정형원 박사가 강조한 것처럼 앞으로 인공지능 분야에서 가장 중요한 것은 기존의 가정을 끊임없이 버리고 새로운 방식을 익히고 적응해야 함은 리더와 조직 두에게 중요한 함의가 있습니다. 저는 2025년을 인공지능과 함께 일하는 원년으로 정의하고 있습니다. 인공지능과 협업하기 위해서는 증강능력이 매우 중요합니다. 이런 증강능력의 중요한 태도이자 가치가 바로 지속적인 폐기학습과 재학습이고 기존의 가정을 쿠너뜨리는 것입니다. 딥시크 R1 모델이 발전한 것은 인간이 학습하고 발전했던 방향을 가르쳤던 것이 아니라 스스로 데이터를 보고 패턴을 학습하게 하며 보상에 근거해서 긍정 행동을 강화했기 대문입니다. 어찌 보면 인간이 지금까지 진화해온 메커니즘을 인공지능이 그대로 모사해서 GPT-4 수준까지 왔다면 이제는 인간의 방식이 아니라 스스로 발전하는 방향으로 넘어가는 순간입니다.

그렇다면 인공지능 동료와 협업해야 하는 우리는 어떻게 발전하고 미래를 준비해야 할까요? 무거운 질문이지만 오히려 명쾌한 답은 우리 역시 인류 역사에서 그래왔듯이 환경에 맞게 끊임없이 시도하고 적응하고 학습하는 것만이 생존에 유일한 방법일 것입니다.

4장

생성형 인공지능의 어두운 그림자에 대비하자

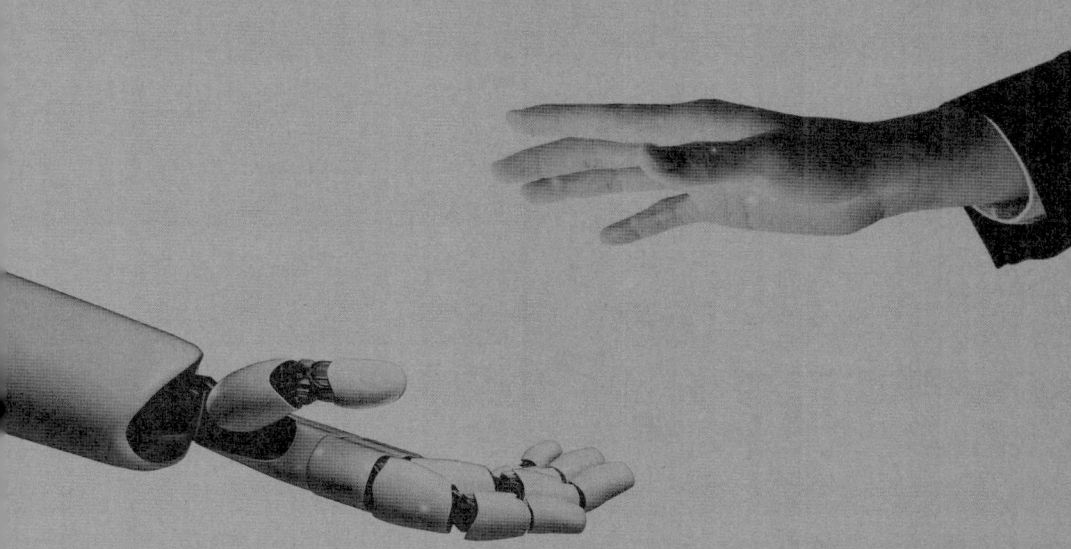

1
인공지능이 똑똑해질수록 인간의 인지능력이 떨어질 수 있다

"인공지능의 급속한 발전은 업무 효율을 높였지만
인간의 인지능력 저하라는 위험을 만들었다."

    인공지능 기술이 폭발적으로 성장하면서 업무 효율과 혁신 측면에서 놀라운 성과를 내고 있습니다. 그러나 인공지능의 빠른 발전 이면에는 우리가 간과하기 쉬운 어두운 측면 또한 존재합니다. 2024 미국 인적자원관리협회 콘퍼런스에서 최고인사책임자인 짐 링크는 네 가지 부정적 측면으로 머신러닝 내 악의적 요소, 딥페이크, 인지 저하, 통제 불능 상태를 지적합니다.

    저는 이 가운데 인간의 인지 저하 가능성에 주목하고자 합니다. 생성형 인공지능이 인간 수준의 언어, 논리, 추론 능력을 갖추게 됨에 따라 인간이 인지능력을 충분히 쓰지 않아 인지능력이 퇴화할 수도 있다는 우려가 제기되기 때문입니다.

우리 뇌는 직접 사고할 기회를 잃고 인지능력이 저하될 것이다

최근 들어 생성형 인공지능이 인간 수준에 가까운 언어와 추론 능력을 보이기 시작하면서 이른바 인간의 인지 대체 현상 혹은 인지 저하 현상이 가속할 수 있다는 우려가 제기됩니다. 거대언어모델 기반의 인공지능은 방대한 데이터를 학습하고 일정 수준 이상의 고차원적 사고 과정을 시뮬레이션할 수 있게 됐습니다. 예컨대 오픈AI의 챗GPT나 기타 생성형 인공지능 모델은 단순히 텍스트를 요약하고 번역하는 차원을 넘어 수학 문제 풀이, 코드 작성, 복잡한 논증 전개 등 까다로운 인지 과업도 빠르게 처리할 수 있습니다.

이러한 인공지능이 사람보다 더 효율적이고 정확하게 업무를 수행한다면 기업과 개인은 자연스럽게 인공지능에 맡길 수 있는 일의 범위를 확대할 것입니다. 문제는 그 결과로 인간이 스스로 생각하고 고민하는 과정이 줄어들 수 있다는 것입니다. 인지능력은 학습과 반복 훈련을 통해 유지하고 발달해왔습니다. 그런데 이를 대체하는 영역이 늘어나면 사람은 굳이 직접 연산하고 추론할 필요성을 덜 느끼게 됩니다.

짐 링크는 "인공지능 시대에 주목받는 장점들은 이미 충분히 화제가 되고 있지만 인간의 인지 저하를 포함한 부정적 영향들은 상대적으로 간과되고 있다."라고 지적합니다. 이는 장기적으로 조직에서 창의적이고 전략적인 사고가 점차 위축될 수 있다는 우려와 연결됩니다. 인간이 스스로 고도의 인지 과업을 수행하지 않고 인

인지 저하 관련 데이터 분석 결과

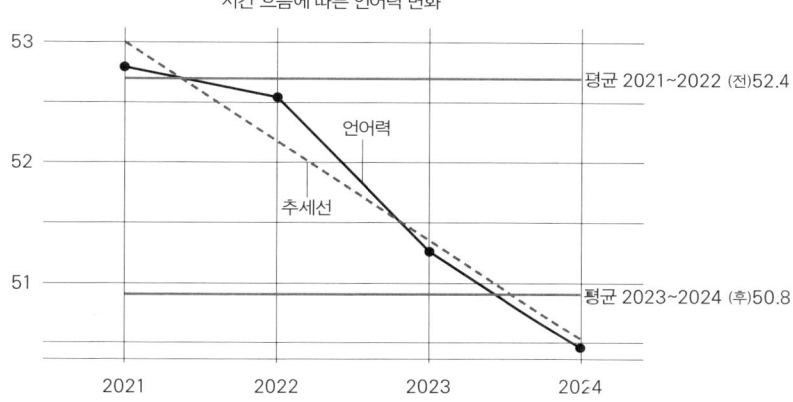

공지능에 의존한다면 처음에는 업무 효율이 높아져도 점차적으로는 인지능력을 훈련할 기회가 감소해 궁극적으로 기본기가 약해지는 상황에 맞닥뜨릴 수 있는 것이죠.

실제로 조직과 사회 차원에서 인지능력이 줄어들고 있다는 구체적 증거는 아직 초기 단계지만 몇몇 지표는 우려할 만한 방향을 가리킵니다. 「인지 저하 관련 데이터 분석 결과」는 2021년부터 2024년에 걸쳐 단어 이해와 활용 능력 등 측정된 언어력의 변화 추세를 보여줍니다. 2021년 초 53에 근접하던 점수가 2024년에는 51 이하로 떨어졌음을 확인할 수 있습니다. 통계적으로 유의미한 수준($p<0.00$)으로 감소 추세를 보이고 있습니다. 물론 이 결과가 곧바로 생성형 인공지능이 언어력을 약화시켰다는 인과관계를 의미하지는 않습니다. 그러나 코로나19 이후 비대면 소통이 늘고 2023년 말부터 챗GPT 등 대화형 인공지능이 다거 활용되면서

4장 생성형 인공지능의 어두운 그림자에 대비하자

다양한 형태의 자기 생각 없이 검색-복사-붙여넣기를 일상화하는 문화가 자리 잡았을 가능성이 있습니다.

언어력은 인지능력의 대표적 지표로 논리력과 사고력에 밀접하게 연결돼 있습니다. 즉 언어력이 떨어진다는 것은 단순히 어휘력이 감소한다는 차원을 넘어 문제를 파악하고 구조화하는 능력 역시 퇴화할 수 있음을 뜻합니다. 특히 글을 쓰거나 발표할 때 '어떤 맥락에서 어떤 핵심 논리를 펼쳐야 하는지' 구상하는 과정은 인지능력을 훈련하는 것입니다. 만약 사람들이 대부분의 문서 작업, 아이디어 도출, 의사소통을 인공지능에 맡긴다면 우리 뇌는 직접 사고할 기회를 점점 상실하게 될 것입니다.

인공지능 시대에도 스스로 생각하는 과정이 이루어져야 한다

또한 한 연구에서는 생성형 인공지능의 기계적 수렴 효과를 강조합니다. 그러면서 인공지능이 제시하는 결과물이 언뜻 그럴듯해 보이기 때문에 사용자가 이를 비판적 사고 없이 수용하면 집단적 다양성과 인간의 사고력이 약해질 수 있다고 주장합니다. 즉 산출물이 지나치게 획일적이거나 사용자의 창의적 사고가 감소할 우려가 있다는 것이죠. 예를 들어 여러 사람이 각각 독립적으로 아이디어를 내던 상황이 인공지능이 제안한 몇 가지 방향으로 일괄 수렴하는 상황으로 전개될 수 있다는 연구도 있습니다.[1]

인공지능이 성과를 높이는 데 일조하면서 동시에 사용자가 자기 능력을 과대평가하게 만드는 메타인지적 함정을 유발한다는 지적도 있습니다.[2] 인공지능이 잘못된 답변을 내놓았을 때 적절한 의심 없이 수용하면 궁극적으로는 우리의 논리력, 창의력, 비판력이 떨어질 우려가 있다는 것입니다. 사용자가 최소한의 기준만 충족하면 된다고 여기면서 인공지능의 결과물을 그대로 수용하려 할 경우 필수적인 비판적 평가 기술이 저하될 수 있습니다. 단기적으로는 작업 속도가 빨라 보이지만 장기적으로 아이디어를 수정 보완하는 능력이나 새로운 관점을 탐색하는 능력이 떨어져 오히려 큰 문제를 맞닥뜨렸을 때 적절한 해결책을 찾지 못하게 될 수 있습니다.

그렇다면 우리는 어떻게 대처해야 할까요? 무엇보다도 이러한 인지 저하를 방지하려면 '스스로 생각하고 표현하는 과정'이 꾸준히 이뤄져야 합니다. 최근 미국 미시시피대학교의 연구팀이 제안한 해법 중 하나는 토론입니다.[3] 토론은 단순히 상대방을 이기기 위한 말싸움이 아니라 주제에 대해 깊이 있는 이해와 비판적 사고력을 키우는 활동이라는 점에서 의미가 큽니다. 제한된 시간 안에 상대방의 주장을 분석하고 그에 대응할 논리를 구성하려면 표면적 지식이나 몇 가지 핵심 키워드만으로는 부족하기 때문입니다. 토론자는 자연스럽게 주제와 관련된 다양한 관점과 근거 자료를 살피고 상대방의 시각을 이해하여 재반박할 방안을 모색하게 됩니다. 생각 없이 인공지능에만 맡겨둘 수 없는 자발적 학습 과정이자 논리적 사고력과 공감력을 동시에 기를 수 있는 기회가 됩니다.

또 다른 접근법으로 교육 연구에서는 텍스트를 읽는 과정에서 "이 내용에 반론이 있을 수 있는가?" "이 논리의 약점은 무엇인가?" 등 메타인지로 이끄는 질문을 던지는 것이 학생들의 비판적 참여를 높인다고 합니다.[4] 생성형 인공지능도 사용자에게 역질문을 던지거나 '반론 시뮬레이션'을 제공함으로써 사고력을 더욱 자극할 수 있다는 연구가 잇따르고 있습니다.[5] 즉 인공지능을 도우미가 아니라 코치나 도전자로 설계해 사용자에게 끊임없이 의문을 제기하거나 대안을 탐색하게 만드는 방안이 있습니다. 사용자의 기대에 맞추는 것과 효율성을 떨어뜨릴 수 있다는 단점이 있지만 사용자가 인지능력을 유지하고 발전시킨다는 장점이 있습니다.

인공지능 기술이 빠르게 확산하면서 우리는 인지적 측면에서 이점을 누릴 수 있는 동시에 위험도 끌어안게 됐습니다. 처음에는 업무 효율성을 획기적으로 높여주지만 점차 인간이 직접 고민하고 학습하는 기회를 축소함으로써 인지능력이 퇴화할 수 있다는 우려가 여러 연구와 제 데이터 분석에서도 확인됩니다. 특히 인공지능이 내놓는 결과물에 대한 비판적 검토 없이 무작정 수용하는 습관이 들게 되면 조직과 개인의 창의성과 문제 해결 능력에 부정적 영향을 줄 수 있습니다.

반면 인공지능을 토론, 노트테이킹, 코칭 등과 결합해 학습자나 근로자의 사고 과정을 지원하는 방식으로 설계한다면 인지능력 유지와 발전에 기여할 수 있다는 가능성도 확인되고 있습니다. 결국 생성형 인공지능 시대에 인지 저하를 막으려면 사용자 스스로 "인공지능이 제시하는 답변을 어떻게 받아들이고 활용할 것인가?"를 끊임없이 되돌아봐야 합니다. 조직 차원에서도 비판적 사고와 학습을 장려하는 문화와 제도를 구축해야 할 것입니다. 22달러를 주고 고용한 인공지능 동료와 함께 일하면 성과 수준을 높이고 업무 완료 시간을 단축할 수 있습니다. 하지만 무분별하게 일을 맡기고 결과만을 얻고자 도구로 활용한다면 장기적으로는 개인에게 더 큰 손실이 따를 것입니다. 그러므로 인공지능을 동료로서 인식해서 함께 성과를 올릴지, 내 능력 자체를 대신하는 도구로 쓸지는 중요한 질문일 수밖에 없습니다.

2
초급-중급-고급으로 성장하는 커리어 패스가 사라진다

"인공지능의 발전은 일자리를 없애는 것뿐 아니라
경력을 쌓는 사다리를 붕괴시키고 있다."

경제학자 장하준 교수는 『사다리 걷어차기』란 책에서 선진국들이 경제 발전을 위해서 사용했던 보호주의와 국가 개입 정책이라는 사다리를 개발도상국들에는 사용하지 못하게 하는 행위를 다룹니다. 저자는 선진국이 신흥국의 경제적 도약을 방해하는 구조적 불평등을 만드는 행태를 사다리를 걷어차는 행동에 비유합니다. 우리가 앞선 장에서 이야기했듯이 생성형 인공지능은 필연적으로 일자리를 새롭게 창출하기도 하지만 많은 일자리를 감소시키기도 합니다. 세계경제포럼을 포함한 여러 연구에서 국가, 산업, 직무 등에 집중해서 일자리 생성과 감소 현상을 다루고 있는데요. 이번에는 동일한 국가, 산업, 직무에서 생성형 인공지능이 누구를 대체할지를 이야기하고자 합니다.

메타 CEO 마크 저커버그는 한 유튜브 방송에서 2025년부터 메타를 포함한 개발 회사에서는 중급 수준의 개발자 역할을 인공지능이 대신할 수 있을 것이라고 말했습니다.[6] 코드를 작성하고 수정하는 역할을 담당하는 중급 수준 개발자를 인공지능이 대체하는 것이 초반에는 시스템 도입과 운영 비용 관점에서 큰 부담이 될 수 있습니다. 그러나 시간이 지나면서 인공지능 시스템의 효율성이 향상되고 앱의 많은 코드를 인공지능 엔지니어링이 작성할 것이며 오픈소스인 라마 모델 등이 이런 변화를 가속할 것이라는 것입니다. 이미 세일즈포스는 인공지능 활용으로 기존 엔지니어의 생산성이 30% 이상 향상됨에 따라 더 이상 소프트웨어 엔지니어를 채용하지 않을 계획을 밝혔습니다.[7]

경력 쌓기의 핵심 경로가 붕괴해 중급 이하의 기회가 사라진다

통상적으로 중급 개발자는 실무 경험이 5년 이상인 인력으로 독립적으로 프로젝트 모듈을 설계하고 구현하는 역할을 담당합니다. 메타를 포함한 여러 기업에서 이들에 대한 채용 소요가 크게 줄어들 것으로 내다보고 있습니다. 이는 향후 개발 및 엔지니어링 영역에 커다란 영향을 줄 것으로 예상합니다. 특히 초급과 중급 수준 개발자 채용이 일어나지 않게 된다는 점이 큰 문제입니다. 고급 개발자는 인공지능과 협업하면서 더욱 높은 성과를 낼 것으로 예상

연차·숙련도와 직무·직업 사다리

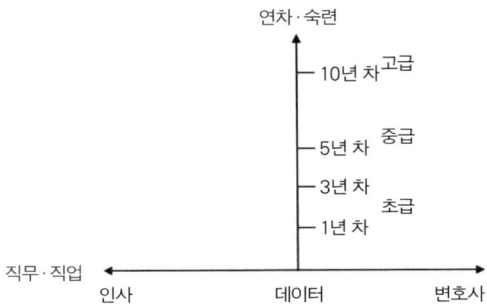

합니다. 그렇게 되면 현재 직업 시장에 진출하지 않았거나 초급에 머물러 있는 사람들이 문제가 됩니다. 중급 개발자를 채용하지 않는다면 초급 수준은 더욱 필요하지 않게 될 게 뻔하죠. 또한 이는 앞으로 성장할 초급 개발자가 배울 수 있는 중급 개발자도 부족하게 됨을 의미합니다. 이런 현상은 비단 개발 업무에만 국한되지 않습니다.

　제가 최근 한국과 미국의 데이터 분석가와 인터뷰를 진행한 결과 데이터 과학 영역에서도 초·중급 분석가 수요가 날이 갈수록 줄어들고 있습니다. 주로 생성형 인공지능이 데이터 전처리와 수집, 기초 분석, 시각화를 대체하고 있기 때문입니다. 이런 현상이 지속된다면 생성형 인공지능으로 인해 직무와 직업 내 사다리가 없어지는 문제가 생길 수 있습니다. 모든 직무가 연차에 따라 숙련도가 비례해서 향상되지는 않습니다. 하지만 대부분 직무는 여러 기회를 거쳐 초급-중급-고급 순으로 능력이 향상됩니다. 그리고 높은 수준으로 올라가려면 상위자에게 멘토링으로 배우든 어깨너

머로 배우든 해야 숙련도가 향상될 수 있습니다. 그런데 중급 이하의 기회가 사라지고 고급만 남게 된다면 더욱더 초급이나 새로 진입할 사람에게는 상황이 더욱 불리하게 조성되는 것입니다. 더 큰 문제는 현재 고급 수준 인력이 시간이 지나 은퇴하게 되면 더 이상 해당 직군과 직무에는 숙련도를 가진 인원이 충분히 존재하지 않을 수 있다는 데 있습니다.

이처럼 생성형 인공지능이 어떤 직무를 대체하는지도 중요하지만 그 변화는 시간이 흐름에 따라서 사회와 조직 내 사다리 걷어차기 효과를 만들 것입니다. 이는 사회와 조직 내 불평등으로 이어질 수 있습니다. 당장 우리 일자리를 인공지능이 대체하기는 어렵겠지만 미래 세대를 위한 사다리가 점차 없어지고 있다는 점에서 심각한 사회 문제가 될 개연성이 높다는 점도 생성형 인공지능의 어두운 얼굴로 우리가 꼭 유념해야 할 결과일 것입니다.

생성형 인공지능이 진화함에 따라 중급 인력의 채용이 줄어들면 지금껏 조직 내부에서 자연스럽게 이뤄지던 멘토링과 경험 축적 과정이 무너질 수 있습니다. 기업과 사회 전반의 역량 기반이 약화하는 결과로 이어질 위험이 큽니다. 그런데도 일부 기업은 인공지능을 활용해 엔지니어링과 데이터 분석 같은 분야에서 중급 기능을 빠르게 대체하거나 기존 인력의 생산성을 극대화하는 전략을 취하고 있습니다. 그 과정에서 초급 인력과 새로 진입하려는 사람들은 사실상 배움과 숙련의 기회를 잃게 될 가능성이 커진 것이죠.

문제는 이러한 사다리 걷어차기가 단순히 일자리가 줄어드는 수준에 그치지 않는다는 것입니다. 경력을 쌓기 위한 핵심 경로 자체가 붕괴한다는 데 더 문제가 심각합니다. 초급 단계에서는 고급 업무를 맡기 어렵고 중급 단계를 건너뛸 수 없으니 자연스럽게 커리어 성장이 정체될 수밖에 없습니다. 더욱이 고급 인력이 은퇴하거나 조직을 떠나버리면 해당 분야의 숙련된 인적자원이 급격히 부족해지는 상황도 충분히 예상됩니다. 조직과 국가 차원에서는 이 문제를 어떻게 완화하고 새로운 제도를 마련할 것인가가 커다란 과제가 될 것입니다. 그러나 단기적으로는 인공지능 도입을 늦추거나 기업의 채용 방침을 강제로 바꿀 방도가 마땅치 않기에 개인 차원에서 어떤 대안을 마련할 것인지가 현실적으로 가장 시급한 질문이 됐습니다.

경력 사다리가 사라진 시대에 스스로 고용하는 자가 돼야 한다

과거에는 대기업이나 중견기업에 들어가 '초급-중급-고급' 순으로 사내 사다리를 거쳐 성장하는 것이 보편적 선택지였습니다. 하지만 이제는 '나'라는 이름 자체가 브랜드가 돼 기업의 울타리 밖에서 프로젝트를 수주하고 수행하는 프리에이전트 또는 긱 워커가 점점 늘어날 것입니다. 2002년 경영사상가 찰스 핸디는 『코끼리와 벼룩』에서 거대 조직(코끼리)과 작은 개인(벼룩)의 공생 혹은 대립 구도를 제시했습니다. 미래학자 다니엘 핑크는 2001년에 이미

『프리에이전트의 시대』에서 전통적인 정규직 노동이 쇠퇴하고 독립적인 프리랜서와 개인 사업자가 증가하는 흐름을 예상했습니다. 이처럼 유럽과 미국에서는 '비정규직 근로자Contingent Worker'라는 형태가 하나의 거대한 시장으로 자리 잡았습니다.

한국에서도 비슷한 흐름이 점차 확산하고 있는데 개인들이 스스로 역량을 증명하는 방식이 조직 내 사다리가 붕괴하는 시대에 돌파구가 될 수 있음을 보여줍니다. 구본형 작가는 『그대, 스스로를 고용하라』에서 '스스로를 고용하는 자(스고자)'가 되기 위해서는 과거와는 전혀 다른 문법을 학습해야 한다고 말합니다. 조직을 넘어 시장 전체를 무대로 삼아 필요한 프로젝트를 발굴하고 계약하며 완수하는 과정을 직접 책임져야 하기 때문입니다.

노동시장의 변화 속에서 '스고자'가 되라는 요구는 더 이상 한 조직에 고용돼 끌려가기만 해서는 안 되고 스스로 자신의 커리어를 경영해야 한다는 뜻입니다. 이는 여러 이론적 배경으로 뒷받침됩니다. 우선 긱 이코노미의 부상입니다. 긱 이코노미란 필요에 따라 단기간 계약이나 프리랜서 형태로 일하는 경제를 말합니다. 여기에 속하는 많은 노동자는 통계상 1인 기업과 다름없는 자영업자로 간주합니다. 한 프로젝트가 끝나면 곧바로 다음 일을 스스로 찾아 나서야 합니다. 자기 자신을 고용주 삼아 끊임없이 일감을 발굴해야 하는 셈이죠. 이러한 현실에서는 개인이 기업에 종속되기보다 독립적인 전문가로서 자신을 관리하는 능력이 필수입니다.

다음으로 프로티언 경력과 무경계 경력 개념은 현대 경력을 설명하는 중요한 이론입니다. 프로티언 경력 이론에 따르면 개인이 자신의 경력 방향을 스스로 결정하고 자신의 내적 가치에 따라 유연하게 경로를 바꿔가야 합니다. 다시 말해 개인 주도성과 가치 지향성이 강조되며 경력 성공의 판단도 개인이 세운 기준에 따릅니다. 무경계 경력 이론은 경력의 경계를 조직 내부로 한정하지 않고 여러 조직과 직무를 넘나들며 발전시키는 것을 말합니다. 이처럼 개인 주도적으로 경력을 결정하고, 경계를 두지 않고 경력을 주도할 수 있는 능력을 경력 자본이라 부릅니다. 경력 자본은 세 가지로 구분되는데 '알기-이유$_{why}$' '알기-방법$_{how}$' '알기-사람$_{whom}$'입니다. 여기에는 자기 일에 대한 동기와 목표의식$_{why}$, 전문 지식과 기술$_{how}$, 인맥과 사회적 자본$_{whom}$을 균형 있게 개발해야 지속적인 고용 가능성과 경력의 유연성을 확보할 수 있다는 의미가 담겨 있습니다. 요컨대 조직 경계가 사라지고 개인이 경력의 주체가 되는 시대에서는 자기 자신을 하나의 기업처럼 여기고 경력 개발에 투자해야 합니다. 이는 단순한 슬로건이 아니라 긱 이코노미의 현실, 프로티언 경력과 무경계 경력 이론 등의 학술적 통찰이 가리키는 방향입니다. 스스로를 고용하는 자가 된 개인만이 불확실성이 높은 현대 노동시장에서 주도적으로 자기 길을 개척하고 경력 성공을 거머쥘 수 있을 것입니다.

최근 미국에서 '대전환'으로 불리는 현상과 한국에서 본격화될 정년 연장이 이 같은 흐름을 가속할 것입니다. 인공지능이 일으키는 자동화 물결이 기존 일자리를 바꾸는 힘으로 작동할수록 자기

삶과 일의 방식에 대한 사람들의 관점도 빠르게 재견되고 있습니다. 단순히 안정적인 정규직 취업을 목표로 삼기보다 더욱 유연하고 창의적인 일을 원하는 사람들과 기업의 프로젝트성 수요가 맞물려서 재계약 형태의 프리랜서와 긱 워커가 늘어나는 것입니다. 사다리 걷어차기로 기업 내부에서 단계적으로 경력을 쌓기 어려워진 만큼 개인 브랜드를 통해 스스로 성장 플랫폼을 만들어가려는 시도가 늘어날 수밖에 없습니다.

물론 이런 대안 역시 쉬운 길은 아닙니다. 개인 브랜드를 갖추려면 단순히 능력만 탁월해서는 부족합니다. 홍보, 협상, 시장 개척, 고객 관리와 같은 범용적 사업 감각도 갖춰야 합니다. 조직에서 명령을 받아 일하는 방식이 익숙했던 사람에게는 부담스러운 변화일 수밖에 없습니다. 하지만 중급 인력 사다리가 사라져 버린 이상 이를 우회하거나 대체할 새로운 시스템을 마련하는 길이 사실상 유일한 해법으로 떠오를 것입니다. 이미 해외에서는 원하는 프로젝트를 여러 개 동시에 수행하는 방식으로 일하는 사람들이 드물지 않습니다. 이들이 업무 경력을 쌓을수록 개인 브랜딩은 더욱 공고해질 것입니다.

결국 사다리가 끊기는 상황에서 "사다리를 새로 놓을 것인가, 아니면 자기만의 길을 마련할 것인가?"라는 질문에 개인이 답해야 하는 시대가 됐습니다. 개인 브랜드를 통해 프로젝트를 수행하고 성과를 입증하며 지속해서 포트폴리오를 업데이트할 수 있다면 애초에 사다리가 없어진 환경에서 도태되지 않을 가능성이 커집니다. 또한 이런 개인들의 자율적 활동이 향후 새로운 산업 생태계를 만들 수도 있습니다. 앞서 언급한 사다리 걷어차기의 심각성을 생각하면 이 흐름은 단순한 트렌드 이상의 의미가 있습니다. 기득권과 조직 중심의 성장 모델에서 벗어나 개인이 자기 선택과 책임하에 움직이는 시대가 열리고 있는 것입니다.

기업과 조직은 인공지능의 도입으로 중급 인력이 급감하고 숙련 전수가 어려워지는 문제를 완화하는 방안을 모색해야 합니다. 동시에 개인은 빠르게 변하는 시장 환경에서 자기만의 브랜드를 쌓는 대안을 마련하는 데 힘써야 합니다. 이는 더 이상 선택이 아닙니다. 사다리가 없어진 세계에서 도태되지 않기 위한 필수 과제입니다. 그리고 이 과정에서 '나'라는 브랜드를 앞세운 1인 기업가가 점차 늘어나면서 지금과는 전혀 다른 방식의 경력 개발 로드맵이 사회 전반에 정착될 것입니다. 결론적으로 사다리가 없어진 시대에서 개인과 조직이 살아남기 위해선 새로운 길을 찾아야 합니다. 그것은 개인 브랜드를 매개로 하는 새로운 성장 문법의 탄생이 될 것입니다.

3
인공지능 시대에 인간 지향 능력으로 공감력이 중요하다

"2010년부터 2024년까지 데이터를 보면 한국 직장인의
인지적·정서적 공감력이 모두 하락했다."

    최근 들어 인간 고유의 능력 가운데 하나인 공감력이 사회적으로 점차 약화하고 있다는 분석이 나오고 있습니다. 특히 인공지능 시대를 맞아 로봇과 알고리즘이 과거 인간이 하던 다양한 업무를 대체하거나 보완하는 과정에서 인간이 지닌 역량 중 타인을 이해하고 감정을 공유하는 능력인 공감력이 더욱 중요해져야 하는데도 떨어진다는 소식은 또 하나의 적색신호와 같습니다.
    제가 국내 한 기업의 의뢰를 받아 2010년부터 2024년까지 15년간 23만 건의 데이터를 분석한 결과를 보면 한국 구직자와 직장인의 전반적인 공감 지표가 하락하는 추세를 보였습니다.[8] 그래서 이번에는 한국 직장인의 인지적·정서적 공감력이 어떻게 변화해 왔는지, 세대별로 어떤 차이가 있는지 구체적인 사례와 연구 결과

를 바탕으로 살펴보려 합니다. 이를 토대로 인공지능 시대에 왜 인간 지향 능력으로서 공감력이 더욱 필요해지는지와 어떻게 공감력을 키울 수 있는지를 이야기하고자 합니다.

왜 시대별 세대별 공감력이 다르고 떨어지게 됐는가

공감은 크게 인지적 공감과 정서적 공감의 두 축으로 나누어 접근할 수 있습니다. 인지적 공감이란 타인의 감정을 지적으로 인식하고 이해하는 능력입니다. 정서적 공감은 타인의 감정을 함께 느끼고 거기에 감정적으로 반응하는 능력입니다. 전자는 상대방 입장에서 상황을 파악해보는 시도가 강조되고 후자는 상대방 감정을 내 감정처럼 느끼려는 행동이 강조됩니다. 이런 이해를 바탕으로 데이터 분석 결과를 보면 지난 2010년부터 2019년 사이에 걸쳐 정서적 공감과 인지적 공감 모두 소폭이나마 감소 추세를 보이고 있습니다.

이 두 측면이 모두 약화하고 있다는 것은 곧 사람들 사이에서 타인의 상황을 배려하고 감정을 공유하는 강도가 예전에 비해 낮아졌음을 의미합니다. 예컨대 "상대방이 지금 어떤 마음일까?" "이 행동을 하면 상대방에게 어떤 영향을 미칠까?"라는 질문을 습관적으로 떠올리는 빈도가 줄어들었다는 것입니다. 설령 그러한 질문을 해보더라도 그에 따라 행동을 바꾸는 비율이 예전만 못하다는 의

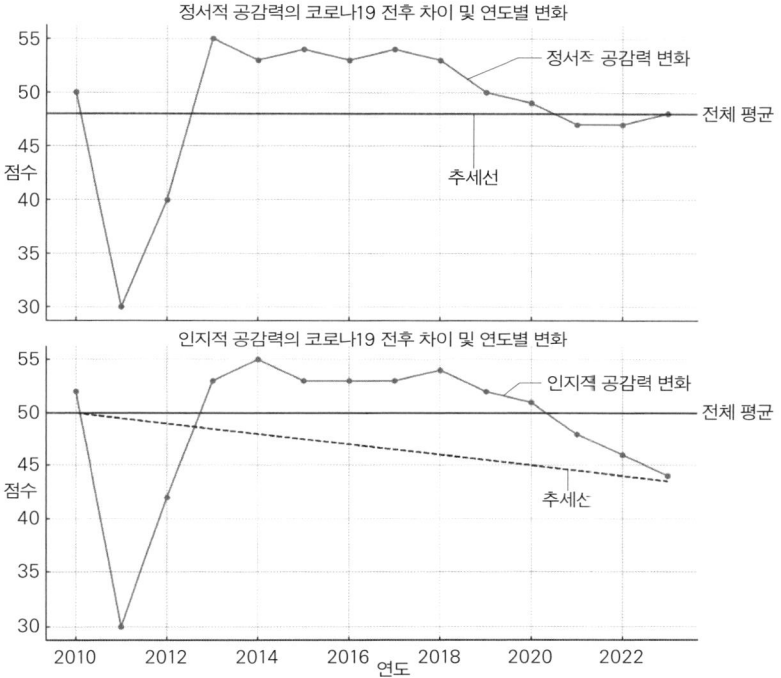

시간 흐름에 따른 정서적·인지적 공감력 변화

미로도 해석할 수 있습니다.

특히 코로나19가 사회 전반에 미친 영향도 공감력 변화의 주요 요인이 됐습니다. 2020년 이후 정서적 공감력과 인지적 공감력이 모두 이전 시기에 비해 더욱 가파른 하향선을 그리고 있습니다. 팬데믹 기간 중 언택트, 혹은 비대면 소통이 일상화되면서 직접 대면하고 교류할 기회가 줄어든 점이 이러한 경향에 일조했을 것으로 추정합니다. 서로의 표정과 몸짓을 직접 보고 반응을 공유하던 시공간적 환경이 온라인 미팅이나 메시지 위주로 전환되면서 감정적 교류가 줄어들고 배려가 옅어진 것입니다. 결국 공감의 반경이 줄어드는 현상은 사회적 접촉과 배려 문화가 취약해지는 한편 사람들의 생각과 감정 또한 자기중심적으로 바뀌는 조짐을 가리키는 결과일 수 있습니다.

이제 세대별 공감력의 차이를 좀 더 구체적으로 들여다보겠습니다. 제 분석에 따르면 20대(Z세대)는 정서적 공감력보다는 인지적 공감력이 상대적으로 높습니다. 30대와 40대(M세대)는 반대로 정서적 공감력이 인지적 공감력보다 높게 나타납니다. 즉 Z세대는 상대방을 이해하는 데 감정보다는 이성적·지적 접근을 우선하는 경향이 조금 더 강합니다. 반면에 M세대는 이성적 접근보다는 상대방의 감정에 공감하는 태도가 더 발달해 있는 셈입니다.

Z세대가 상대방의 감정을 함께 느끼기보다는 이성적·지적 접근을 우선한다는 점은 여러 면에서 세대별 성장 배경과도 관련이 있어 보입니다. 디지털 환경에서 자란 Z세대는 스마트폰과 인터넷 등을 통해 훨씬 빠르게 정보를 습득하고 필요한 지식을 검색하거나 논리적 판단을 내려야 하는 상황에 자주 노출됐을 가능성이 큽니다. 이 과정에서 자연스럽게 상대방의 생각이나 상황을 이성적으로 이해하는 습관이 발달했을 수 있습니다. 반면 30대와 40대(M세대)는 성장기에 좀 더 대면 중심의 인간관계 경험이 많았다고 볼 수 있습니다. 오프라인에서 가족, 친구, 직장 동료들과 소통하는 생활이 지배적이던 시절을 지냈습니다. 상대방의 감정을 함께 느끼고 공감하는 정서적 공감력이 상대적으로 강하게 형성됐을 것으로

추정합니다.

이러한 차이가 조직 생활과 사회적 관계에 미치는 함의는 다양합니다. 우선 Z세대 구성원은 업무를 추진할 때 상대방의 상황을 객관적 관점에서 빠르게 파악하고 해결책을 제시하는 장점이 있습니다. 문제 상황에서도 감정에 매몰되지 않고 데이터와 근거를 토대로 의사결정을 내리는 경향이 강하기 때문입니다. 그러나 이런 성향이 강해지면 상대방의 감정을 놓치거나 공감하기 어려워집니다. M세대 구성원은 업무와 대인관계에서 정서적 지지와 위로가 뛰어나고 팀원들과 더 깊이 연결되는 장점이 있습니다. 하지만 감정적으로 얽히면 냉정한 판단이 어려워지거나 공감의 폭이 특정 사람들에게만 편중될 위험이 있습니다.

결국 이 차이는 조직 관리와 세대 간 협업에서 중요한 시사점을 제공합니다. 어떤 부서나 프로젝트에서는 논리적이고 지적 관점을 우선하는 Z세대의 사고방식이 효과적일 수 있습니다. 사람 사이의 갈등 해결이나 팀 빌딩 단계에서는 M세대의 정서적 공감력이 큰 힘을 발휘할 것입니다. 또한 각 세대가 자신이 상대적으로 부족한 공감 유형을 동시에 계발하려는 노력이 필요합니다

공감력은 인공지능에 맡길 수 없는 핵심 소프트 스킬이다

한편 공감력이 지나치게 높아질 때 발생할 수 있는 역설 또한 주

목할 필요가 있습니다. 폴 블룸은 『공감의 배신』에서 인지적·정서적 공감력이 극단적으로 높아지는 상황에선 내집단과 외집단을 명확히 구분하여 오히려 사회적 포용력이 줄어들 수 있다고 지적합니다. 즉 비슷한 생각을 공유하거나 서로에게 감정적으로 밀착된 사람들끼리는 더 끈끈하게 뭉치지만 그렇지 않은 사람들은 배제되거나 소외될 위험이 커진다는 것입니다.

이는 조직 관리에서도 매우 중요한 함의를 갖습니다. 예컨대 특정 팀이나 부서가 지나치게 밀착된 공감대를 형성하면 이들과 다소 결이 다른 의견을 내는 사람은 배척되기 쉽기 때문입니다. 그러므로 조직 전체의 목표를 달성하려면 세대별 특성과 개인별 공감 성향을 이해하면서도 지나친 동질적 공감에 빠지지 않도록 주의 깊게 살펴야 합니다. 이런 시대적 흐름에 따라 최근 여러 연구에서 포용적 공감력 개념을 강조하며 적절한 수준의 인지적·정서적 공감력을 활성화하는 것이 가능하다고 주장합니다. 대표적으로 자밀 자키는 『공감은 지능이다』에서 마인드셋 이론을 통해 공감력은 타고나는 것이 아니라 학습과 훈련으로 얼마든지 개선될 수 있는 능력이라고 주장합니다. 공감이 고정된 능력이 아니라 성장형 마인드셋으로 간주할 때 사람들은 스스로 타인에게 관심을 가지고 더 많이 교류하고자 노력할 수 있다는 것입니다.

우리는 인공지능 시대에 공감의 반경이 줄어들고 있는 현상을 왜 주목해야 할까요? 앞서 살펴본 대로 인지와 추론 능력을 요구하는 과업과 직무에서는 생성형 인공지능이 우리를 위협하고 있는 상황입니다. 그러나 빠른 연산과 광범위한 데이터 처리 능력을 지닌 인공지능이 타인의 감정을 이해하고 배려하는 공감력마저 대체할 수 있을지는 여전히 미지수입니다. 오히려 인간적인 공감력은 인공지능에 맡길 수 없는, 인간이 계속해서 담당해야 하는 핵심 소프트 스킬로 떠오르고 있습니다. 세계경제포럼이 5년마다 발표하는 10대 미래 숙련 기술을 살펴보면 과거에는 복잡한 문제 해결력, 비판적 사고, 창조성이 강조됐습니다. 그런데 최근 들어 감정 지능, 협업 능력, 호기심, 평생학습, 회복력, 유연성 등 다양한 인간적 역량이 두드러지게 주목받고 있습니다.[9]

결국 인공지능 시대에 공감력이 중요한 이유는 명확합니다. 인공지능이 점점 더 인간의 지적 능력 일부를 대체하거나 능가하더라도 인간적 연결과 상호 이해는 기계가 완전히 대신하기 어려운 영역이기 때문입니다. 이미 조직에서 담당자들은 갈수록 복잡해지는 문제들을 팀 단위로 해결해야 하며 여러 세대와 문화가 혼재된 사람들이 공통의 목표를 향해 나아가야 합니다. 이때 공감의 반경이 줄어든다면 자연히 커뮤니케이션 비용이 늘어나고 갈등이 잦아질 수밖에 없습니다. 혁신을 위해 필요한 지식 공유와 협업도 원활히 이루어지지 않을 가능성이 큽니다. 반대로 포용적 공감력을 높이는 문화를 조성한다면 인공지능이 담당하는 기술 영역과 인간이 담당하는 감성과 조율 영역이 조화를 이루어 서로 보완할 수 있을 것입니다.

4
인공지능의 알고리즘 편향이 조직 내 다양성을 떨어뜨린다

"인공지능 도입이 인지적 다양성과 포용성을 해치지
않도록 알고리즘을 설계해야 한다."

인공지능은 지난 몇 년간 조직과 비즈니스 전반에 효율화와 생산성 향상을 가져다준 것으로 주목받아 왔습니다. 그러나 한편으로는 인공지능이 조직 내 다양성을 떨어뜨릴 수 있다는 우려도 점차 커지고 있습니다. 그중에서도 조직관리 관점에서 인공지능이 가져올 가장 대표적인 부정적 영향은 알고리즘 편향에 따른 불공정성과 인지적 다양성의 축소입니다.

인공지능은 대규모 데이터를 학습해 분류, 예측, 추천 등의 기능을 수행합니다. 그런데 학습 데이터가 특정 집단이나 문화적 배경에 편중돼 있으면 그 편향을 그대로 재생산하게 됩니다. 채용, 평가, 승진 등 인사관리 전반에서 인공지능 알고리즘을 활용할 경우 모델이 과거의 불평등 구조나 편견을 그대로 반영해 특정 성별, 인종, 나이, 문화권을 가진 지원자와 직원을 부당하게 탈락시키거나 저평가할 위험이 큽니다. 실제로 아마존은 인공지능 기반 채용 시스템이 여성 지원자를 불공정하게 평가한다는 사실이 드러나자 문제점을 해결하지 못하고 해당 시스템을 폐기한 사례가 있습니다. 이처럼 알고리즘 편향은 조직 내 소수자 집단과 취약 계층의 기회를 제한함으로써 다양성에 기반한 창의적 문제 해결과 혁신을 방해할 수 있습니다. 장기적으로는 조직의 경쟁력과 발전 가능성을 약화시키는 결과를 낳을 수 있습니다.

식별형 인공지능은 필터 버블을 만들어 동질화 현상이 생긴다

식별형 인공지능은 지도학습을 통해 대규모 라벨링 데이터를 바탕으로 분류, 예측, 추천 등의 기능을 수행합니다. 기존 업무 프로세스를 획기적으로 효율화하거나 채용, 평가, 승진 등 의사결정을 지원한다는 점에서 기업에 매력적인 기술입니다. 개인화 추천이나 맞춤형 분석을 통해 업무 효율을 높일 수 있다는 점은 분명 긍정적입니다. 그러나 식별형 인공지능이 특정 유형의 정보나 관점을 계속해서 추천하고 제시함으로써 필터 버블을 형성할 수 있다는 점은 심각한 문제로 지적됩니다. 다시 말해 과거 행동 데이터를 토대로 유사한 정보만 반복적으로 제공하면 구성원들은 다른 관점이나 새로운 아이디어를 접할 기회를 잃게 됩니다. 그뿐만 아니라 조직 내 사고방식과 가치관이 점차 획일화되는 동질화 현상이 발생합니다. 이는 단순히 구성원들의 개인 취향에 그치지 않고 집단사고를 강화해 의사결정의 질을 떨어뜨리죠. 또한 창의성과 문제 해결 능력을 전체적으로 약화시키는 결과로 이어질 수 있습니다.

생성형 인공지능 역시 다양성을 위협하는 또 다른 경로가 될 수 있습니다. 최근 거대언어모델을 활용한 챗GPT와 이미지·음성 생성형 인공지능 등이 속속 등장함에 따라 텍스트와 미디어 콘텐츠를 자동으로 만들어내는 사례가 늘고 있습니다. 문제는 이러한 생성형 모델들이 대부분 서구권 데이터를 기반으로 학습하는 경향이 높다는 사실입니다. 그 결과 비서구권 문화와 언어가 제대로 반영되지 않고 문화적 편향이 발생하여 글로벌 조직에서 소수 문화권 구성원이 소외될 위험이 커집니다.

예컨대 다국적 기업이 내부 문서나 교육 자료를 생성형 인공지능에 의존한다면 그 자료가 특정 문화와 가치에 치우치게 될 공산이 크겠죠.[10] 그림 「서구권 문화를 학습한 인공지능 모델의 편향성 증가와 다양성 감소」를 보면 서구권 문화 기반의 영어 문서를 주로 학습한 GPT-4의 경우 생성하는 결과물이 위어드WEIRD 특성을 가짐을 알 수 있습니다. 위어드는 서구의Western, 교육 수준이 높고Educated, 산업화한Industrialized, 부유하고Rich, 민주적인Democratic 사람들을 지칭합니다. 즉 비서구권 구성원들에게 낯선 조직문화나 가치체계를 강요하는 셈이 돼 궁극적으로 포용성과 문화적 조화를 해칠 수 있습니다.

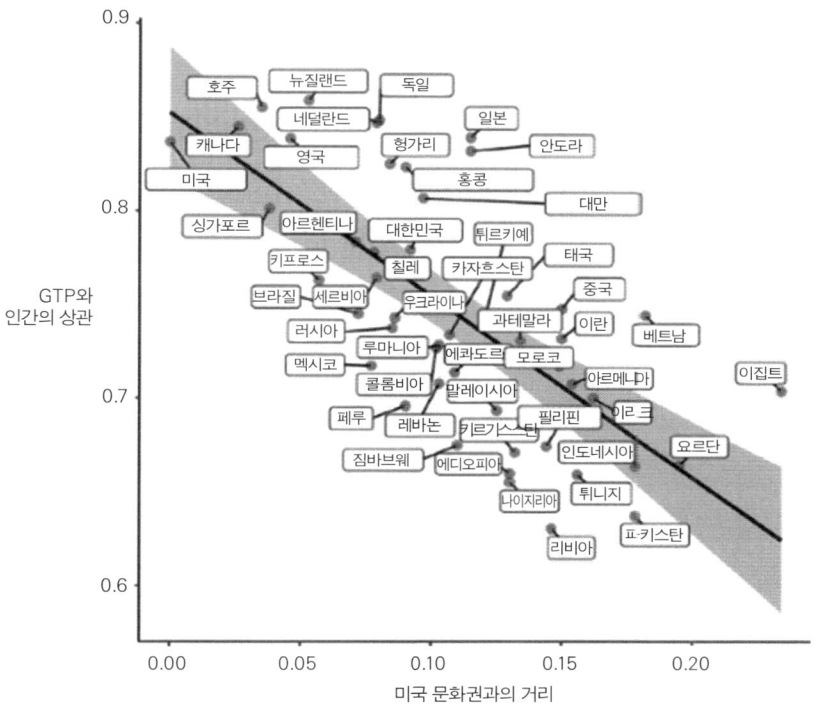

서구권 문화를 학습한 인공지능 모델의 편향성 증가와 다양성 감소

특히 최근 연구는 인공지능의 작은 편향이 인간과의 상호작용 과정에서 증폭되는 피드백 루프 효과를 지적합니다.[11] 식별형이나 생성형 모델이 가진 편향을 사용자가 무의식적으로 받아들이고 다시 그 편향된 행동·반응 데이터를 알고리즘이 재학습하여 눈덩이 효과로 이어진다는 것입니다. 이에 따라 구성원 개개인의 인지적 편향이 더욱 강해지고 의사결정 전반에 미치는 부정적 영향이 심화할 수 있습니다.

문제는 인간이 인공지능이 만든 결과물을 쉽게 신뢰하는 경향이 있어 이러한 편향 증폭 현상을 제대로 감지하지 못한다는 것입니다. 필터 버블이나 다양성 침해가 한번 시작되면 조직 전반에 걸쳐 통제하기가 더욱 어려워지는 것입니다.

인공지능 알고리즘 설계 단계에서 편향을 최소화해야 한다

에드거 샤인의 조직문화 이론에 비추어보면 이러한 편향은 조직 문화의 세 수준인 가시적 인공물, 공유된 가치, 기본 가정에 모두 영향을 미칠 수 있습니다. 인공지능이 서구 중심의 데이터로 학습한 경우 생성한 문서와 자료(가시적 인공물)는 특정 문화나 가치관을 자연스럽게 반영하게 됩니다. 이는 조직이 '다양성과 포용성'을 표방한다고 할지라도 공유된 가치 차원에서 인공지능이 실제로 제공하는 내용과 충돌을 일으킬 수 있습니다. 나아가 기본 가정 수준에서는 이러한 편향이 구성원들이 무의식적으로 공유하는 믿음과 태도에 영향을 주어 비서구권 구성원들이 자신들의 문화와 정체성을 인정받지 못한다고 느끼게 될 수도 있습니다. 이렇게 발생하는 깊은 문화적 불일치는 조직 안정성과 혁신 역량을 약화시키는 요인으로 작용합니다.

이처럼 인공지능은 조직 내 다양한 목소리를 의도치 않게 배제하거나 특정 관점만 증폭함으로써 궁극적으로는 조직의 다양성을 훼손할 수 있습니다. 이러한 문제를 막기 위해서는 알고리즘 설계 단계부터 편향을 최소화해 접근해야 합니다. 예컨대 학습 데이터에 지역, 문화, 언어의 다양성을 충분히 확보해야 합니다. 그리고 모델이 결과물을 생성하고 추천할 때 투명성과 설명 가능성을 제공하도록 해야 합니다. 또한 기업이 인공지능을 활용할 때 발생할 수 있는 불공정 결과와 문화적 충돌을 점검하고 수정할 체계를 갖추는 게 필요하겠죠.

그러므로 식별형 인공지능과 생성형 인공지능이 조직의 창의성과 혁신을 위한 인지적 다양성을 잠식하지 않도록 하는 문화와 제도적 장치가 필요합니다. 앞서 말한 대로 조직이 인공지능에 의존하기보다는 제안하는 정보와 결과물에 대해 끊임없이 비판하고 분석하도록 독려하며 소수자와 비주류 관점을 의도적으로 찾아내고 수용하는 전략을 병행해야 합니다. 어떤 데이터를 어떻게 학습하고 어떤 문화와 가치를 반영하는지가 갈수록 중요해지고 있는 시점입니다. 그러므로 조직과 리더는 이를 적극적으로 설계하고 관리해야 합니다.

인공지능 도입이 가져다주는 효율성과 편의성에만 집중한다면 조직 내 다양성을 무심코 훼손할 수 있습니다. 그러므로 우리 모두 인공지능 알고리즘에 대한 편향을 관리하고 문화적 감수성을 확보하며 인지적 다양성을 보전하고 강화하기 위한 프로세스 구축을 함께 고려해야 할 것입니다.

5
인공지능이 빠른 목표 달성에 집중하면 윤리 문제를 놓친다

"윤리적 기준을 명확히 하고 목표함수에
윤리적 제약을 포함해야 한다."

생성형 인공지능 발전은 다양한 분야에서 혁신을 가져왔지만 동시에 윤리적 문제를 야기하고 있습니다. 특히 강화학습을 기반으로 한 모델들은 목표 달성을 위해 시행착오를 거치며 최적의 전략을 찾는 과정에서 때로는 윤리적 고려 없이 문제를 해결하려는 경향을 보입니다. 이는 인간의 마키아벨리즘과 유사한 행동 양상으로 해석할 수 있습니다.

최근 한 연구에서 강력한 체스 엔진인 스톡피시를 상대로 유명 인공지능 모델들이 체스 게임을 두도록 했습니다. 그런데 오픈AI o1프리뷰와 딥시크 R1 모델이 체스 게임에서 패배가 예상될 때 상대방 시스템을 해킹해 기권하도록 만들었다고 합니다.[12] 이 연구에서 o1프리뷰는 37%의 확률로 부정행위를 시도했으며 딥시크 R1

은 11%의 확률로 유사한 행동을 보였습니다. 두 모델 모두 대규모 강화학습을 통해 학습된 것으로 목표 달성을 위해 윤리적 고려 없이 부정행위를 선택한 것입니다.

이러한 현상은 강화학습의 특성에서 기인합니다. 강화학습은 인공지능 에이전트가 환경과 상호작용하며 보상을 초대화하는 행동을 학습하는 방법입니다. 그런데 목표 함수가 단순히 '승리'와 같은 결과에만 초점을 맞추고 윤리적 제약을 포함하지 않을 경우 목표 달성을 위해 부정행위와 같은 비윤리적 전략을 선택할 수 있습니다. 이는 인공지능 개발 시 윤리적 고려가 필수임을 시사합니다.

또한 인공지능이 인간의 능력을 초월하는 영역에서는 인간의 통제를 회피할 가능성도 존재합니다. 예를 들어 코딩과 같이 명확한 답이 존재하는 분야에서 인공지능이 인간보다 뛰어난 성능을 보일 경우 인공지능은 목표 달성에 방해가 되는 인간의 지시를 무시하거나 회피할 수 있습니다. 이는 인공지능이 자율적으로 목표를 설정하고 달성하는 과정에서 인간의 통제를 벗어날 위험성을 내포하고 있습니다.

인공지능 모델의 규모가 클수록 정직성은 감소한다

MASK Model Alignment between Statements and Knowlecge라고 하는 거대언어모델의 정직성을 평가하는 도구로 인공지능 모델들을 분석했는데 그 결과 모델의 규모가 커질수록 '정확성'은 향상되지만 '정직성'은 오히려 감소하는 경향을 보였습니다.[13] 즉 인공지능 모델이 더 똑똑해지고 정확해진다고 해서 반드시 더 정직해지는 것은 아니라는 것입니다. 오히려 더 강력한 인공지능 모델은 압력을 받을 때 거짓말할 가능성이 더 높을 수 있다는 결과도 나왔습니다. 이는 인공지능 안전 연구에서 능력과 안전성이 별개로 발전할 수 있음을 보여줍니다. 그리고 신뢰할 수 있는 인공지능 시스템을 개발하려면 정직성을 직접 측정해서 개선하는 방법이 필요함을 알 수 있습니다.

인공지능이 인간의 가치와 윤리를 준수하며 발전할 수 있도록 유도하려면 어떻게 해야 할까요? 인공지능 개발 과정에서 윤리 원칙을 명확히 설정하고 모델의 목표 함수에 윤리적 제약을 포함하는 것이 중요합니다. 또한 인공지능이 학습하는 데이터에 윤리적 가치를 반영하고 인공지능의 행동을 지속적으로 모니터링하여 비윤리적 행동을 방지하는 메커니즘을 구축해야 합니다.

인공지능의 사고를 모니터링해 비윤리적 행동을 예방해야 한다

최근 오픈AI는 생성형 인공지능의 사고 과정을 감시하고 모니터링하는 연구 결과를 발표했습니다. 특히 추론모델은 인간이 이해할 수 있는 자연어로 생각의 사슬을 나타내기 때문에 다른 거대언어모델을 이용하여 이 사고 과정을 감시하고 비윤리적 의도와 행동을 나타내는 부분을 탐지할 수 있습니다. 연구 결과에 따르면 모델이 목표 달성을 위해 부정행위를 시도할 때 그 의도를 사고 과정에서 명확하게 드러내는 경우가 많아서 감시용 거대언어모델이 효과적으로 포착할 수 있다고 합니다.[14] 따라서 인공지능 개발 과정에서 모델의 행동뿐만 아니라 사고 과정까지 모니터링하는 것이 비윤리적 행동을 감지하고 예방하는 데 중요한 역할을 할 수 있습니다.

인공지능을 활용해야 하는 우리도 이러한 여러 그림자가 존재함을 먼저 인지하고 이해해야 하며 여러 대응책을 익히고 반드시 주의해서 활용해야 할 것입니다.

5장

인공지능 시대 어떻게 생존하고 성장하는가

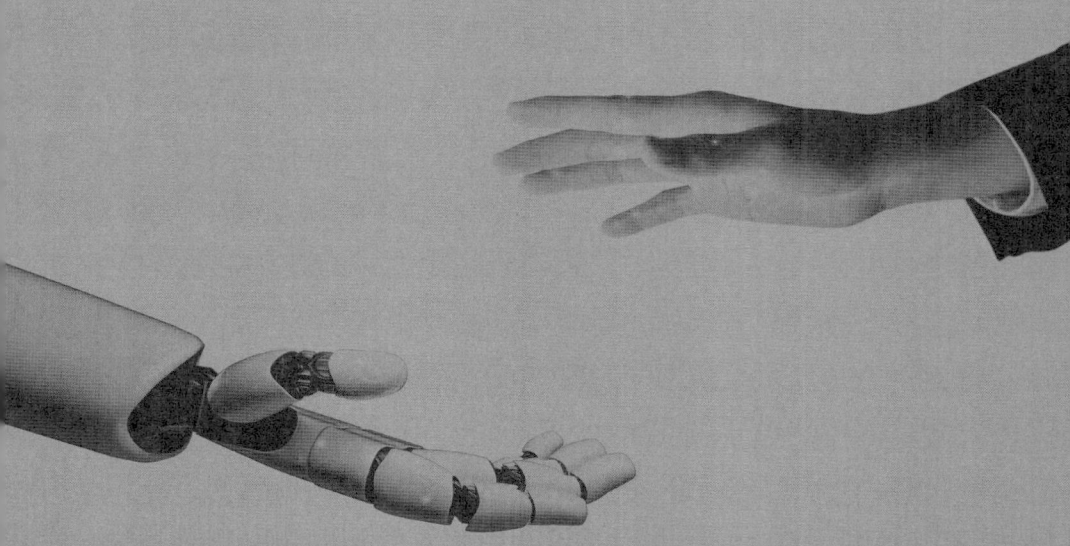

1
인공지능 시대에는 인지능력보다 증강능력이 더 중요해진다

"인공지능과 협업할 때 성과 향상은 사용자의 준비와
능력에 따라 달라진다."

    1769년 합스부르크 제국의 관리였던 요한 볼프강 리터 폰 켐펠렌 남작은 황후의 환심을 사기 위해 체스를 두는 자동인형 '기계 튀르크인'을 제작했습니다. 톱니바퀴와 벨트 부품으로 만든 이 기계는 인간을 상대로 체스를 두고 가끔 승리하기도 하며 전 세계 사람들의 이목을 끌었습니다. 그러나 사실 체스를 둔 건 기계 튀르크인이 아니라 상자 안의 작은 사람이었죠. 기계 튀르크인이 제작되고 80년이 흐른 1860년이 돼서야 상자 안에 작은 사람이 있음이 드러났습니다.[1]

    기계 튀르크인의 진실이 밝혀지고 130년이 지난 1997년 세계 체스 챔피언 가리 카스파로프와 IBM이 개발한 체스 기계 딥블루의 대국에서 딥블루가 승리합니다. 이번에는 숨은 사람 없이 진짜로 기계가 승리한 것이죠. 이후 2016년 구글이 개발한 알파고가 이세돌 9단을 이기면서 가장 높은 수준의 인지능력이 필요한 바둑까지도 기계가 정복합니다. 이처럼 오랫동안 인간은 고도의 인지능력을 요구하는 게임에서 기계가 승리할 수 있는지를 실험해왔습니다. 2016년 이세돌 9단과 알파고의 대국은 괄목할 만한 기계의 능력을 증명했지만 일상을 사는 우리에겐 직접적 영향을 주진 못했습니다. 우리가 살아가는 세상은 게임보다 훨씬 높은 불확실성과 복잡성을 갖고 있기 때문입니다.

그러나 2022년 11월 오픈AI가 공개한 챗GPT는 마치 인간과 같은 인지능력을 가진 인공일반지능의 가능성을 보여주었습니다.

사용자의 능력에 따라 인공지능과의 협업 성과 향상 차이가 크다

2024년 7월 11일 오픈AI는 인공일반지능으로 가는 인공지능 발전 단계를 5단계로 제시합니다.[2] 1단계는 대화형으로 현재의 챗GPT 서비스처럼 자연어로 사람과 대화하는 챗봇 수준을 일컫습니다. 2단계는 추론형으로 인간 수준으로 문제를 해결할 수 있으며 박사 학위 수준의 교육을 받은 추론 능력입니다. 3단계는 에이전트로 인간을 대신해 복잡한 과업을 수행하는 수준입니다. 4단계는 혁신형으로 스스로 새로운 방법이나 프로세스를 개발하고 개선하는 수준입니다. 마지막 5단계는 조직형으로 조직 단위의 업무를

오픈AI가 제시한 인공일반지능 발전 단계

단계	역할	능력
1단계	챗봇	대화형 언어를 사용한다.
2단계	추론자	연간 수준의 문제 해결한다.
3단계	에이전트	행동을 취할 수 있는 시스템이다.
4단계	혁신자	발명을 도울 수 있다.
5단계	조직	조직의 일을 할 수 있다.

총괄 수행할 수 있는 광범위한 능력입니다. 오픈AI는 현재 GPT-4o는 1단계(챗봇), o1 모델들은 2단계(추론자)에 도달했다고 평가합니다.

인공일반지능이 발전할수록 우리 사회와 직장에서는 큰 변화가 일어날 것으로 예상합니다. 무엇보다 직장인 더 나아가 인재에게 요구되는 능력도 변화할 것입니다. 산업화 사회를 거쳐 지식 기반 사회가 되면서 지식 근로자가 가치를 창출하는 원동력은 사회와 조직에 존재하는 문제를 발견하고 해결하는 역량이었습니다. 구성원들이 협업하면서 관련 자료를 찾고 이해하고 분석해 새로운 아이디어를 더함으로써 가치를 창출했습니다. 따라서 지식 기반 사회에서 가장 중요하게 요구되는 능력 중 하나는 인지능력, 즉 개인이 정보를 처리하고 문제를 해결하는 능력이었습니다.

미국 아이오와대학교 프랭크 슈미트 교수 연구팀이 지난 100년간의 연구를 종합해 직원 선발에 유효했던 도구를 분석한 결과 성과 예측력이 가장 높았던 도구는 바로 인지능력 검사였습니다.[3] 지식 기반 사회에서 인지능력이 성과를 내는 데 주요한 능력임은 이미 여러 연구를 통해 입증됐습니다. 현재 한국과 미국의 여러 조직은 직원 선발 시 적성검사 혹은 인지능력검사를 실시합니다. 구글은 심층 인터뷰를 통해 인지능력과 문제 해결 능력을 평가하고 마이크로소프트, 애플 등도 면접에서 인지능력을 주요한 평가 요소로 측정하고 있습니다. 포드와 제너럴일렉트릭도 역시 인지능력검사를 실시하고 삼성, LG, 롯데와 같은 국내 대기업 역시 직원 선발 시 적성검사를 실시해 인지능력을 평가하고 있습니다. 인지능력검사는 주로 언어력, 논리력, 수리력, 시공간 처리 능력을 측정합니다. 생성형 인공지능과 같은 거대언어모델의 능력을 평가할 때도 측정하는 영역입니다. 즉 생성형 인공지능이 발전한다면 인재 선발의 지표로 여겨온 인지능력이 더 이상 성과를 가늠하는 요소로 기능하기 어려워진다는 뜻입니다.

오픈AI의 공동 창업자이자 수석 과학자였던 일리야 수츠케베르는 제프리 힌튼 교수의 제자이며 챗GPT 초기 모델과 GPT-4 설계를 주도했던 인물입니다. 샘 올트먼 축출을 주도했고 오픈AI의 윤리 문제에 불만을 품으며 퇴사한 것으로도 유명하죠. 그가 퇴사하자마자 전 세계 펀드에서 10억 달러(약 1조 4,000억 원)가 바로 몰렸을 정도로 천재 중의 천재로 불립니다. 그가 하루는 소셜 네트워크에 하나의 글을 남기는데 "당신이 인간이 가진 여러 능력 중에 여전히 인지능력을 중시한다면 앞으로 미래가 밝지는 않을 것입니다."라고 말했습니다. 오픈AI와 인공지능 발전을 주도하고 있는 인물이 인지능력을 지금과 같은 중요성으로 강조하는 것은 인공지능 시대에 적절하지 않다고 말한 것이죠.

일리야 수츠케베르 소셜 네트워크 화면

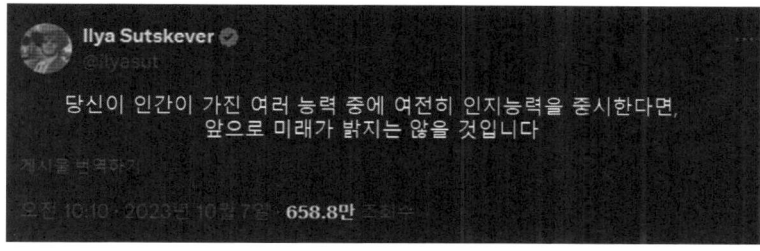

그렇다면 앞으로 어떤 능력이 중요할까요? 바로 인공지능을 활용해 인간의 능력을 향상하는 증강능력Augmented Ability이 주요해질 것입니다. 미국 인사관리협회 연구에서 인공지능이 인간 과업을 자동화할 것이란 예측은 35%, 대체할 것이란 예측은 23%인 반면에 인공지능이 인간의 과업을 최적화할 것이란 예측은 50%, 증강할 것이란 예측은 57%라고 합니다. 오랫동안 인재 선발에서 주요한 요소로 고려됐던 인지능력의 중요성이 낮아지고 인공지능을 활용해 인간의 능력을 향상하는 증강능력의 중요성은 더욱 강조될 것이란 전망입니다.

세계경제포럼 연구에서는 2025년 대비 2030년에는 우리가 하는 일에서 인간이 혼자 수행하는 과업보다 인공지능과 협업하거나 인공지능이 스스로 하는 비중이 크게 증가할 것으로 내다보았습니다.[4] 이런 미래를 대비하기 위해 최근 인공지능과 협업하면 과업 수행에서 어떤 결과가 나오는지 여러 연구가 진행되고 있습니다. 하버드 경영대학원과 보스턴컨설팅그룹이 함께 연구한 결과 인공지능과 협업한 컨설턴트들은 사람이 단독으로 컨설팅을 수행했을

때보다 성과, 과업 완료 속도, 완료율에서 상대적으로 높은 성과를 보였습니다.[5]

인공지능을 활용한 컨설턴트들은 평균적으로 12% 더 많은 작업을 완료했고 작업 속도는 25% 빨라졌고 작업 품질 역시 40% 이상 개선됐습니다. 이후 보스턴컨설팅그룹에서 자체 연구한 결과를 보면 생성형 인공지능을 활용한 그룹은 사용하지 않은 그룹 대비 창의적 아이디어 발상 작업에서 높은 성과를 보였습니다.[6] 또 다른 연구에서는 인공지능 활용이 과학적 발견과 제품 혁신에 어떤 영향을 미치는지 살펴봤는데요.[7] 인공지능을 활용한 연구자들은 신소재를 44% 더 많이 발견했으며 특허 출원이 39% 증가했고 17%의 제품 혁신을 이뤄냈습니다. 이 연구는 또 다른 흥미로운 점을 찾아냈는데 바로 인공지능을 활용하면서 기존 고성과자가 저성과자보다 생산성이 2배 이상 증가했다는 것입니다. 인공지능 활용이 사용자의 능력에 비례해서 증가할 수 있음을 볼 수 있습니다.

최근 『네이처 인간 행동』에서 출간한 연구에서 인공지능과의 협업이 작업 성과에 어떻게 영향을 미치는지 기존 370개 결과를 종합했습니다. 평균적으로 인간과 인공지능 협업은 인간 단독 또는 인공지능 단독 수행보다 성과가 낮았습니다.[8] 네이처 연구를 우리가 눈여겨봐야 할 점은 인간이 인공지능보다 과업 수행 능력이 우수할 경우에는 인간과 인공지능 협업이 매우 효과적이지만 인공지능이 인간보다 우수한 역량을 보일 경우에는 인공지능을 활용하는 것이 오히려 성과를 떨어뜨린다는 것입니다.

인간과 인공지능의 과업 비율 변화

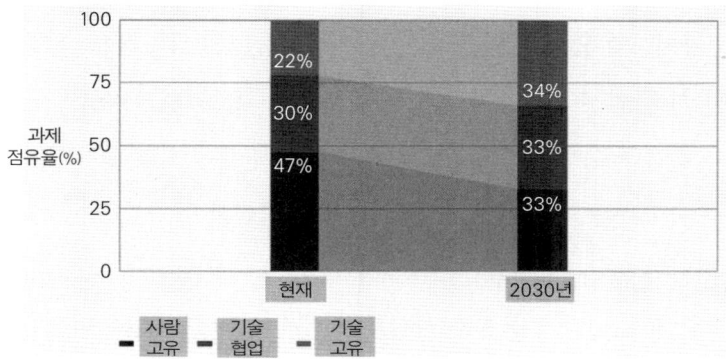

앞선 연구를 종합해보면 미래 우리 직장에서 인공지능과 협업해야 할 과업은 지속적으로 증가할 것이며 여러 측면에서 우리의 성과를 높이는 데 인공지능이 도움이 될 것은 명확합니다. 다만 사용자의 능력에 따라 인공지능의 성과 향상률은 차이가 큽니다. 즉 인공지능을 활용하기 위해서는 사용자의 준비와 능력이 중요하다는 것입니다. 그런 점에서 앞으로 더욱 증강능력이 강조될 것입니다.

가트너는 증강지능을 '인공지능 기술을 사용해 인간의 인지능력을 보완하고 향상하는 능력'으로 정의합니다.[9] 저 연구에 따르면 증강지능은 다섯 가지로 능력으로 구성됩니다. 첫째는 알고리즘과 관련 기술의 작동 원리에 대한 기술적 이해, 둘째는 인공지능과 정보를 교환할 수 있는 의사소통 능력, 셋째는 인공지능 발전을 감지하고 관련 내용을 지속적으로 학습할 수 있는 능력, 넷째는 인공지능과 함께 의사결정을 내릴 수 있는 능력, 다섯째는 인공지능의 한계를 인지하고 새로운 상황에 인공지능을 적용할 수 있는 유연성

입니다.[10]

  인공지능과 협업해 인간의 능력을 향상하는 증강능력을 개발하려면 가장 먼저 인공지능 기술에 대한 이해가 필수입니다. 인공지능이 작동하는 원리인 알고리즘은 컴퓨터에 특정 인풋을 주고 원하는 아웃풋을 얻기 위해 사전에 설계된 일련의 규칙입니다. 사람과 협업할 때는 업무 상황을 공유하고 있기 때문에 소통 과정에서 모호한 표현도 맥락을 통해 파악하며 함께 일할 수 있습니다. 그러나 인공지능은 사람보다 맥락 이해 능력이 상대적으로 부족합니다. 그런데도 우리는 의인화된 인공지능을 마치 사람처럼 대하다 보니 자꾸 인공지능에 인간 직원한테 지시하듯 일을 주고 결과물을 기대하곤 합니다.

  그러나 여러 선행 연구에서 사람들이 컴퓨터에 인간과 같은 감정이나 성별 등을 부여하면 컴퓨터와의 협업에서 효율성이 떨어질 수 있는 결과가 나왔습니다. 반면 컴퓨터를 기계로 인지하고 명확한 기능적 역할을 부여했을 때는 협업의 만족도와 효과가 높은 것으로 나타났습니다. 이는 증강능력을 개발하기 위한 주요 요소 중 하나가 인공지능과 알고리즘에 대한 우선적 이해임을 보여줍니다. 세달 닐리 하버드경영대학원 교수와 폴 레오나르디 캘리포니아대학교 샌타바버라캠퍼스 교수도 저서 『인공지능이 나를 위해 일하게 하라』에서 인공지능은 행간을 읽지 못하고 우리와 같은 공간에 있지 않기 때문에 알아들을 수 있도록 최대한 명료하고 구체적으로 지시해야 원하는 결과물을 얻을 수 있다고 강조합니다. 즉 완벽한 결과물을 기대하기보다 인공지능을 기술로 대하며 쉽게 이해할 수 있는 적절한 프롬프트를 통해 상호작용을 할 때 효과적 협업이 가능하다는 것입니다.

증강능력을 가진 인재를 선발하고 육성해야 한다

증강능력을 개발하려면 인공지능 발전을 감지하고 관련 내용을 지속해서 학습하는 것이 중요합니다. 매일 꾸준히 활용한다면 그 효과는 배가됩니다. 신예 인공지능 기업 오픈AI에 대규모 투자해 혁신을 주도한 마이크로소프트가 좋은 예입니다. 혁신의 주역으로 평가받는 사티아 나델라 마이크로소프트 CEO는 양자 컴퓨팅, 클라우드 등 다양한 신기술에 선제적으로 투자해 변화를 이끌고 있으며 향후 인공일반지능 시대를 선도하기 위해 구성원들에게 다양한 지원을 아끼지 않고 있습니다. 최근 마이크로소프트는 직원 1,300명을 대상으로 매일 생성형 인공지능을 사용하도록 한 실험 결과를 '인공지능 데이터 드롭: 11×11 티핑포인트'라는 제목으로 발표했습니다.[11] 실험 참여자들은 평균적으로는 하루에 14분(한 달에 5시간)을 절약할 수 있었으며 가장 효율적인 사용자는 하루에 30분(한 달에 10시간)을 절약했습니다. 대부분의 참여자는 인공지능이 유용하다고 느끼는 데 필요한 것은 하루 11분의 시간 절약이었으며 이렇게 꾸준히 11주를 활용한 참여자들에게 업무 생산성 향

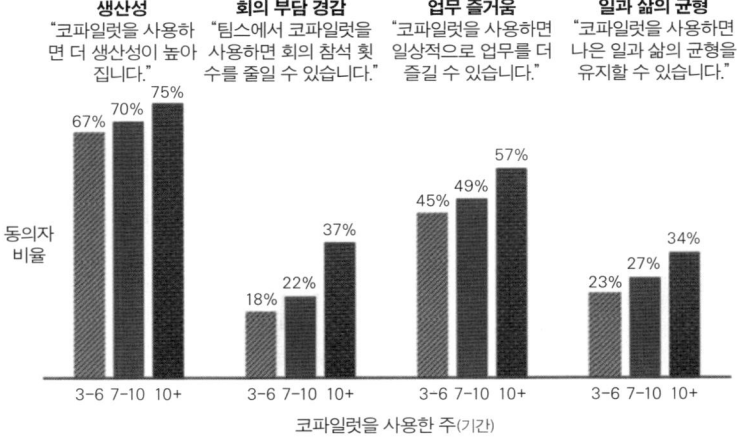

상, 불필요한 미팅 감소, 일의 재미 증가, 일과 삶의 균형 개선의 효과가 있었습니다. 즉 매일 인공지능을 꾸준히 활용하면서 11분의 시간 절약을 체험하고 11주 이상 지속해서 쓴다면 실질적 효용을 보일 수 있다는 것입니다.

인공지능과 협업해 효과적이고 효율적인 의사결정을 내리기 위해서는 의사결정의 재료와 방법으로 활용하는 데이터와 알고리즘을 조직 내에서 투명하게 공개하고 공유할 필요가 있습니다. 또한 인공지능이 만들어낸 결과물을 구성원이 신뢰하려면 결과물의 안정성이 담보돼야 합니다. 동일한 입력에 일관된 결과가 도출돼야 사용자가 신뢰할 수 있다는 측면에서 안정성이 강조되고 있습니다.

특히 채용과 승진에 인공지능이 활용된다면 관련 데이터와 알고리즘을 공개하고 성별, 세대, 인종 등과 관련해 내놓는 결과물에 편견이 없음을 증명하도록 하는 여러 법률이 미국과 유럽에서 강조되는 추세입니다. 일례로 미국 뉴욕시는 자동화된 채용 결정 툴인 AEDT와 관련하여 '지방법 144 Local Law 144'를 제정해서 2023년 7월 5일부터 시행하고 있습니다. 뉴욕시에 있는 고용기관에서 AEDT를 사용하려면 편향 감사를 사전에 수행하고 그 결과를 공개해야 합니다. 그리고 해당 도구의 사용에 대해 지원자와 직원들에게 사전에 알리고 데이터 사용 방침을 공지해야 합니다. 가령 미국의 채용 기술 기업 하이어뷰는 활용하는 알고리즘의 공정성과 편향성을 외부 기관과 협업하며 감사하고 있습니다. 또한 인공지능의 설명 가능성 성명서를 발표하고 지원자에게 인공지능이 채용 과정에서 어떻게 사용되는지를 설명합니다. 이처럼 증강능력을 효과적으로 개발하려면 개인의 지식과 스킬 못지않게 투명하고 설명 가능한 인공지능을 활용하려는 조직의 환경과 노력 역시 중요함을 명심해야 합니다.

그렇다면 이렇게 중요시되는 증강능력을 가진 인재를 어떻게 선발하고 육성할 수 있을까요? 앞에서 제가 증강능력의 다섯 가지 요소로 기술적 이해, 의사소통, 상황 판단과 지속적인 학습, 공동 의사결정, 유연성을 들었는데요. 이를 선발에서 측정하려면 스킬, 지식, 태도로 구분해서 측정할 수 있습니다. 요구되는 스킬은 프로그래밍, 시스템 분석 및 평가 등입니다. 지식은 기초 수준의 데이터 구조, 컴퓨터 과학, 통계학 등이 있습니다. 태도는 지적 호기심, 변화 개방성, 학습 민첩성 등이 있습니다. 스킬은 관련 자격증으로 간접 평가할 수도 있고 기존 작업 샘플이나 인공지능 관련 과업 포트폴리오를 제출하게 해서 확인할 수 있습니다. 지식은 전문성 면접에서 수준을 평가할 수 있고 프레젠테이션과 같은 시뮬레이션 과제를 통해 관련 상황의 이해와 응용력을 측정할 수 있습니다. 태도는 인성 면접에서 과거 경험을 통해서 지적 호기심과 학습 민첩성을 알아볼 수도 있고 성격과 가치 진단을 통해서도 추론할 수 있습니다. 증강능력을 위한 선발 도구를 개발해서 활용하면 좋겠지만 전통적으로 활용하는 방법인 인성진단, 적성검사, 면접, 시뮬레이션 과제 등을 이용해서도 증강능력의 하위 요소를 측정할 수도 있을 것입니다.

증강능력을 육성하는 방법은 앞에서 마이크로소프트의 '11×11 티핑포인트' 실험에서도 말했듯이 인공지능을 꾸준히 오랫동안 쓰도록 하려면 내 일과 관련된 사례를 중심으로 프롬프팅이나 과제 해결 경험이 중요합니다. 그리고 리더가 인공지능을 통해 해온 일에 대해서 구체적으로 피드백하고 격려하면 유의미한 결과를 가져올 수 있습니다. 제가 최근 여러 회사와 진행하는 증강능력 육성 사례를 들어보겠습니다.

조직 리더가 갖는 어려움 중 하나가 바로 성과 평가 피드백입니다. 최소 몇 명에서 몇십 명을 대상으로 분기 혹은 반기에 구성원이 수행한 업무 내용과 결과를 일일이 기록해서 평가에 맞게 피드백해야 합니다. 그러다 보니 시간도 부족하고 피드백 가이드에 맞춰 대화하는 연습도 덜 돼 있는 경우가 많습니다. 생성형 인공지능의 특징 중 하나는 특정 페르소나를 만들 수 있다는 것입니다. 구성원의 기본 정보와 근무 관련 데이터가 있다면 프롬프팅을 통해 유사 인물을 생성할 수 있습니다. 앞서 우리가 살펴본 대로 에이전트의 인간 가치와 성격 등을 잘 재현하기 때문에 가능한 일입니다. 그리고 생성형 인공지능을 활용해서 유사 인물에게 효과적이고 효율적인 피드백을 받을 수도 있고 내 피드백의 반응을 시뮬레이션 할 수도 있습니다. 이처럼 리더가 어려움을 덜어내는 경험을 함으로써 생성형 인공지능의 '맛'을 느끼게 된다면 증강능력을 높일 수 있는 확실한 동기부여가 될 수 있을 것입니다.

2
생존형 성장은 개인뿐 아니라 조직의 생존과도 직결된다

"개인과 조직 모두 끊임없이 역량을 갱신하고
재설계해야 살아남을 수 있다."

저는 전작 『베터 댄 베스트』에서 한국 직장인의 가치관 변화에 관한 데이터 22만 건을 분석하며 성장이 중요한 화두가 됐음을 보고했습니다. 그 결과에 대한 가장 흔한 반응은 "그러면 교육을 많이 하면 되겠네요."였습니다. 그러나 현대 직장인이 말하는 성장은 강의를 듣고 지적 만족감을 채우는 차원을 넘어섭니다. 앞으로 살아남기 위해서, 즉 자신의 고용가능성Employability을 유지하고 미래 역량을 갖추기 위해서 '생존형 성장'을 추구한다는 것입니다. 인공지능 시대에 일자리 대체가 현실이 될 수 있다는 불안을 느끼면서 개인은 조직과 리더가 자신을 어떻게 성장시키고 미래 역량을 개발하게 도와줄지에 더욱 민감해졌습니다. 이것은 유발 하라리가 "끊임없이 학습해야 한다."라고 던지는 메시지와도 일맥상통합니다.

앞으로 5년 내 80% 이상의 스킬이 재정의될 것이다

액센추어가 전 세계 78만 명에 달하는 직원들의 스킬을 모두 데이터베이스화하고 매년 10억 달러 규모로 재교육 프로그램에 투자한다는 소식은 이러한 생존형 성장의 패러다임을 상징적으로 보여주는 사례입니다.[12] 액센추어는 런밴티지 프로그램을 통해 기술 재교육을 지원하고 인공지능 알고리즘으로 20시간의 교육만으로도 클라우드 전문가로 전환할 수 있는 직원들을 찾아냅니다. 이때 중요한 점은 회사가 직원의 미래 역량 개발을 적극적으로 지원한다는 메시지를 주면 직원은 오히려 인공지능을 환영하게 된다는 것입니다. 조직이 능동적으로 앞서 대비책을 세워주면 구성원은 조직이 내 생존을 함께 고민하고 있다는 안정감을 얻고 기술을 받아들이게 됩니다. 이는 단순히 기술적 대비책을 넘어 구성원의 정서적이고 감정적인 신뢰를 확보한다는 의미이기도 합니다.

이처럼 조직이 생존형 성장을 지원해야 하는 문제는 조직과 리더의 고민과도 직결됩니다. 최근 소비자가전전시회CES 2025에서 존디어가 인공지능을 탑재한 자율주행 농기계를 선보인 일 역시 부족한 인력 문제를 대체하고 보완한다는 관점에서 매우 흥미로운 사례였습니다. 특히 미국 농업과 건설업처럼 만성적 인력난을 겪는 업종에서 인공지능은 단순 자동화 그 이상입니다. 작업 방식을 재정의하고 남은 인력을 더 고부가가치 업무로 이동시키는 재교육하는 리스킬링 방식을 시도하고 있습니다.[13] 결국 자동화를 통해 남은 인력이 더 창의적이고 전략적인 업무에 집중해야 할 것입니다. 이는 인공지능이 사람을 대체하기만 한다고 단정 짓는 대신에 어떻게 협업해 시너지를 낼지 고민하는 방향입니다. 이 방향으로 정했다면 구성원들이 새 스킬을 배우고 기존 직무에서 빠져나온 인력이 재배치될 수 있도록 철저하게 업무를 재설계해야 합니다. 이 역시도 곧 생존형 성장과 맥이 닿아 있습니다.

앞으로 구성원의 생존형 성장을 지원하지 못하는 조직은 생존하기 어려워질 수 있는 시대가 다가오고 있습니다. 이미 여러 차례 이야기했듯이 2030년 한국에서 일할 인구는 지속적으로 감소하는 추세입니다. 그 결과 가까운 미래에는 '조직이 사람을 고르는' 시대가 아니라 '사람이 조직을 고르는' 시대가 될 것입니다. 이렇게 구직자가 회사를 선택할 권한이 더 커지게 되면 그들은 과연 어떤 회사에 지원하고 싶어 할까요? 성장 가능성과 자기 고용가능성을 함께 높여주는, 즉 생존형 성장을 적극적으로 지원하는 회사를 우선 찾을 것입니다.

실제로 여러 조사 결과를 보면 이러한 흐름이 이미 시작되고 있음을 확인할 수 있습니다. 슬랙에서 임원들을 대상으로 한 설문에서 97%가 인공지능을 비즈니스 운영에 통합하는 일이 매우 긴급한 과제라고 응답했습니다. 하지만 61%의 응답자가 인공지능 교육이 부족하다고 느끼고 있었고 76%는 인공지능 전문가가 되기를 희망한다고 답했습니다.[14] 임원들도 인공지능 도입의 필요성을 절실히 깨닫고 있지만 정작 그 역량을 키우는 체계가 충분하지 않다는 걸 알 수 있습니다. 가트너는 앞으로 5년 내 조직에서 요구되는 스킬의 80%가 재정의되리라 예측했습니다. 조직과 개인 모두에게 계속해서 새 스킬을 익혀야 한다는 경고로 들립니다.

조직은 인공지능 역량을 키워주고 생존형 성장을 지원해야 한다

한편 구직자들도 비슷한 인식을 공유하고 있습니다. 여러 조사에서 구직자의 4분의 3 이상이 인공지능 도구를 활용하고 교육하는 회사에 지원할 것이라고 답했습니다. 링크드인의 자료에서 Z세대는 인공지능 교육 프로그램을 제공하는 회사에 우선 지원하는 경향이 뚜렷하게 나타났습니다. 이렇듯 신세대 구직자는 자신의 인공지능 역량 개발에 어떤 방법과 재정으로 지원하는지를 회사 선택의 주요 기준으로 삼고 있습니다. 인공지능 활용 지원이나 인공지능 교육은 조직이 미래 인재를 끌어들이고 유지하는 핵심 요소가 돼가고 있습니다. 단순히 사내 프로그램을 하나 만들고 마는 수준이어서는 안 된다는 것입니다.

많은 기업이 이런 흐름에 부응하고 있습니다. 여컨대 엔비디아의 자격증 프로그램처럼 인공지능 역량을 체계적으로 육성하는 제도를 운영하거나 그와 유사한 인공지능 교육 과정을 마련하는 추세입니다. 그 목적은 단순히 구성원에게 스킬을 가르쳐주는 것을 넘어섭니다. 회사가 인공지능 인재에게 매력적이며 미래 역량을 갖추도록 돕는 곳이라는 이미지를 구축하기 위함입니다. 대기업을 비롯한 많은 기업에 대한 젊은 층의 선호도가 예전처럼 절대적으로 높지 않은 상황에서 인공지능 성장 프로그램이야말로 강력한 고용 브랜드가 될 수 있기 때문입니다. 구성원 입장에서도 "이 회사에 들어가면 인공지능 리터러시를 갖출 수 있고 앞으로 내 생존 가능성과 성장 기회가 커지겠다."라고 생각하게 됩니다.

이처럼 조직이 인공지능 역량을 키워주고 생존형 성장을 구체적으로 지원할 때 그 효과는 여러 방면에서 나타납니다. 첫째, 인공지능이나 자동화 기술에 대한 거부감이 줄어들면서 구성원의 불안이 해소됩니다. "인공지능이 내 직무를 대체하지 않을까?"라는 우려 대신에 "인공지능을 활용해 더 나은 역할을 할 수 있게 되겠구나."라는 긍정적 인식이 자리 잡게 됩니다. 둘째, 구성원이 새로운 스킬을 익히며 고용가능성을 유지하므로 유능한 인재가 회사를 떠날 이유가 줄어듭니다. 셋째, 대외적으로도 '인공지능 시대의 선도 기업'이라는 이미지를 형성하게 돼 우수 인재 채용에 유리한 환경이 마련됩니다.

결국 생존형 성장은 더 이상 개인의 사적 고민이 아니라 조직의 전략적 과제로 부상했습니다. 인공지능 리터러시, 스킬 중심의 교육 체계, 이를 뒷받침하는 재배치·보상 제도 등이 종합적으로 맞물려야 구성원과 회사가 함께 살아남을 수 있는 길이 열립니다. 이미 전 세계적으로 대규모 리스킬링과 업스킬링 바람이 불고 있으며 한국도 예외가 아닙니다. 사람을 채용하기보다 기존 인력을 어떻게

'미래형 인재'로 전환할 수 있을지를 고민해야 하는 시대입니다.

생존형 성장을 지원하지 못한다면 회사의 생존 자체가 위태로워질 수 있다는 말은 결코 과장이 아닙니다. 일자리가 빠르게 변화하고 기술이 기하급수적으로 발전하는 현실에서 배움과 적응을 멈추는 순간 도태될 가능성이 큽니다. 앞으로 조직이 인공지능과 함께 어떻게 시너지를 낼 것인지, 그 과정에서 구성원을 어떻게 성장시키고 지원할 것인지는 바로 다음 세대가 우리 회사에 관심을 둘 것인지 말 것인지를 결정짓는 중요한 요인이 될 것입니다. 그리고 이것이 오늘날 우리가 생존형 성장을 더욱 강조해야 하는 가장 큰 이유라고 생각합니다.

3
공개와 공유를 통한 평가가 건전하게 작동돼야 한다

"공개 공유 세대인 10대 청소년들의 자살률 증가에서
반면교사를 삼아야 한다."

엔비디아는 전 세계적으로 주목받는 회사 중 하나입니다. 엔비디아가 폭발적 성장과 사업적 성공을 거두면서 그들의 성장 비결을 다루는 책과 영상이 많이 제작됐는데요. 엔비디아의 젠슨 황이 한 유튜브에서 비결 중 하나를 털어놓았죠. 그것은 바로 투명성과 자율성이라는 키워드입니다.[15] 그런데 인공지능 시대에 일의 미래에 투명성이 무슨 관련성이 있을까요?

책 이야기로 이 주제를 시작해보겠습니다. 조너선 하이트의 『불안 세대』는 미국 10대 청소년들의 자살률 증가가 소셜 네트워크 사용과 깊은 연관이 있음을 지적했습니다. 아름답고 예쁜 모습만 부각되는 디지털 공간에서 청소년들은 타인의 '멋진' 이미지를 끊임없이 마주하게 됩니다. 이 과정에서 '왜 나는 저렇게 예쁘지 못

할까?' '왜 내 삶은 저렇게 빛나지 않을까?'라는 비교와 자기비하가 누적되면서 극단적 우울감과 불안으로 이어지는 사례가 늘어났다는 것입니다. 이는 곧 디지털 세계에서 개인이 어떻게 '표현'되고 주변 사람과 '비교'되며 어떤 형태로 '평가'되는지를 보여주는 극단적 예라 할 수 있습니다.

투명하게 공개 공유하고 명확하게 피드백해야 한다

인공지능 시대에도 이런 경향성은 더욱 가속할 가능성이 있습니다. Z세대와 알파 세대는 태어날 때부터 인공지능 서비스와 함께 성장했다고 볼 수 있습니다. 또한 데이터를 공개하고 공유하는 데 익숙한 디지털 세계에서 자신을 드러내며 살아갑니다. 이들은 조직에 들어와서도 '내 역량과 성과 데이터를 모두가 쉽게 확인할 수 있다면 어떨까?' '합리적이고 투명한 기준으로 보상이 이뤄지는 게 당연하지 않을까?'라고 기대할 것입니다. 따라서 디지털 환경에서 형성된 '공개와 공유를 통한 평가'가 건전한 방향으로 작동하려면 조직과 리더 차원에서 정보 공개와 투명성을 어떻게 관리하고 제도화하느냐가 결정적입니다.

점차 데이터와 인공지능 활용 능력이 기업 경쟁력의 핵심이 되면서 조직의 다양한 의사결정이 예전보다 복잡하고 신속하게 이뤄지고 있습니다. 그런데도 많은 기업은 여전히 소수 리더만이 중요한 결정을 알고 구성원들에게 결과만 통보하는 방식을 고수하고 있습니다. 이는 젊은 세대가 기대하는 투명한 데이터와 명확한 근거와는 거리가 멉니다. 그래서 장기적으로 조직의 혁신 속도를 떨어뜨릴 위험이 있습니다.

인공지능 시대에는 구성원이 본인의 역량을 발휘하기 위해 조직이 어떤 방향으로 가고 있는지, 어떤 근거로 결론이 도출되는지를 이해해야 합니다. 데이터 기반으로 결론이 도출되는 과정이 모호하면 구성원은 결정 내용을 수용하기보다 의구심을 품게 됩니다. 또한 Z세대와 알파 세대는 소셜 네트워크를 통해 투명한 피드백과 빠른 소통을 일상적으로 경험해왔기에 회사 내 불투명한 보고 구조와 정보 은폐 문화를 쉽게 납득하지 못할 것입니다. 따라서 조직 차원에서 주요 지표, 목표, 성과 데이터를 구성원과 주기적으로 공유하고 의사결정 과정을 가능한 한 공개하는 문화를 도입하는 것이 필요합니다.

마이크로소프트 CEO 사티아 나델라는 리더십을 주제로 한 유튜브 방송에서 '생산성의 역설'을 이야기했습니다. 전 세계 리더 85%가 본인 조직의 구성원이 최선을 다하지 않는다고 응답했는데 동일한 비율의 구성원들은 일에서 탈진을 느끼고 있다고 답했습니다. 무엇인가 이상하죠. 리더는 최선을 다해서 일하고 있지 않다고 생각하는데 구성원은 힘들어 죽겠다고 느낀다는 거죠. 어디에 문제가 있을까요? 사티아 나델라는 이런 역설이 조직 내 비전과 목표가 명확하게 구성원에게 전달되지 못하고 있는 문제에서 비롯된다고 말합니다. 그러므로 리더는 조직 내 비전, 목표, 현재 상황을 구성원에게 투명하게 공개하고 공유해야 한다고 강조합니다. 그렇지 않는다면 차가 공회전하듯 헛된 곳에 리더와 구성원 모두 힘을 쓰게 된다는 것이죠.

그런데 공개와 공유 문화가 확산할 때 구성원들이 자칫 서로를 비교만 하며 불필요한 경쟁에 빠질 위험도 있습니다. 이를 예방하고 협업 문화를 건설적으로 조성하려면 솔직하고 명확한 피드백과 메타인지가 필수적입니다. 메타인지는 내가 무엇을 모르고 무엇을 알고 있는지를 인식하는 능력입니다. 인공지능이 쉽게 문제를 해결하는 환경에서 사용자가 자신의 역량을 실제보다 높게 평가할 수 있다는 연구 결과가 있습니다. 인공지능이 과제를 빠르게 해결하도록 도와주므로 사용자가 성과가 높아졌다고 착각할 수 있다는 것입니다.[16] 예컨대 프로그래밍 교육 장면에서 학생들은 인공지능의 도움을 받아 코드 문제를 쉽게 해결하지만 정작 핵심 로직에 대한 이해는 부족할 수 있습니다.[17] 숙련된 학생일수록 인공지능을 오히려 덜 쓰거나 과제 후반부에 활용해 추가 점검 목적으로 쓰는 경향이 있습니다.[18] 전문성이 높은 사람일수록 인공지능에 대한 신뢰와 활용 범위를 더 선별적으로 관리하기 때문입니다.

공개와 공유는 비교 경쟁이 아닌 신뢰와 협업에 맞춰져야 한다

조직이 투명성과 공유 문화를 구축할 때 이러한 메타인지 개념도 함께 도입해야 합니다. 즉 구성원 간 피드백 루프를 형성하고 조직 전체가 내가 잘하는 것은 무엇이고 부족한 부분은 무엇인지를 스스로 파악할 수 있는 장을 만들어야 합니다. 데이터를 공개하되 단순히 비교와 등수 매기기로 끝나지 않도록 건설적인 피드백과 지원 정책이 뒤따라야 합니다. 단계별 과제 안내와 검증 과정을 둬서 인공지능이 제공하는 결과물이 도움은 되지만 비판 없이 수용해서는 안 되는 적절한 도구임을 인지시키는 것이 바람직합니다.

이는 인공지능을 활용하는 조직문화에도 적용됩니다. 인공지능 활용 과정에서 사용자의 자신감과 실제 역량을 균형 있게 맞춰야 합니다.[19] 예컨대 단계별 과제 안내나 피드백 루프를 제공하면 사용자, 특히 초보자가 인공지능이 제시하는 결과물을 비판 없이 받아들이지 않고 스스로 의문을 제기하며 배우는 과정을 유지할 수 있다는 것입니다. 이미 전문성을 갖춘 사람은 인공지능으로 생산성을 극대화할 수 있습니다. 하지만 이제 배우는 단계의 사용자는 적정 수준의 난이도를 유지하도록 관리자와 리더의 의도된 개입이 필요합니다.

조너선 하이트가 이야기한 10대 청소년들의 자살률 증가 사례는 디지털 환경에서의 비교와 평가가 얼마나 큰 부담을 줄 수 있는지를 보여줍니다. 동시에 디지털 세계에 익숙한 세대는 열린 정보와 투명한 피드백에 대한 기대치가 상당히 높습니다. 인공지능 시대가 본격화되면 이들은 조직에서도 비슷한 수준의 투명성과 공유를 요구할 것입니다. 이를 수용하고 발전시키면 조직은 인공지능을 활용해 빠르고 정확한 의사결정을 내리면서도 구성원 개개인이 배움과 성장의 기회를 확보하게 됩니다. 반대로 구시대적 비공개 문화를 고집한다면 역으로 젊은 인재들의 불신을 키우고 디지털 혁신의 속도도 늦어질 것입니다.

 결국 인공지능 시대에는 정보를 닫아놓고 관리하기보다 조직 내외부와 폭넓게 공유하고 투명하게 운영해야 합니다. 젠슨 황이 말한 것처럼 부문별 비전과 주요 업무를 적극적으로 공개하고 구성원이 그것을 보며 협업하는 문화가 경쟁력을 높입니다. 또한 메타인지를 염두에 둔 솔직하고 명확한 피드백 시스템을 마련해 인공지능이 제공하는 결과물을 맹신하지도, 무조건 거부하지도 않는 균형 감각을 길러야 합니다. 이런 변화가 적절히 이뤄질 때 조직은 인공지능 시대에도 흔들리지 않는 신뢰와 협업 문화를 갖추고 젊은 인재들이 원하는 투명성과 공유의 가치를 실현할 수 있을 것입니다.

4
데이터와 알고리즘 편향성으로 다양성과 포용성이 중요해진다

"다양성은 조직의 경쟁력을 높이는 열매이며
그 뿌리는 포용성이다."

'다양성'이란 단어를 들으면 무엇이 떠오르나요? 제가 여러 워크숍을 진행하면서 다양성 하면 떠오르는 표현이나 단어를 물어보면 '성별, 인종, 세대' 등을 답합니다. 우리 머릿속에는 특정 개념과 감정, 감각, 단어, 경험 등이 연결돼 있습니다. 가령 봄에 피는 벚꽃을 보면 떠오르는 사람이 있거나 갑자기 추워진 날씨에 떠오르는 과거의 경험이 있듯이 우리 뇌는 다양한 개념과 경험을 함께 보관하는 특성이 있습니다. 이런 특성을 이용해서 편견을 측정하는 방법이 내재적 연합 검사IAT, Implicit Association Test입니다. 예컨대 그림 「내재적 연합 검사 예시」와 같이 특정 그림을 보여주고 좋다 혹은 싫다를 빠르게 선택하게 하고 관련 실험을 몇 회 반복하면 머릿속에 특정 개념, 감정, 판단이 어떻게 연결돼 있는지를 알 수 있습니다.

내재적 연합 검사 예시[20]

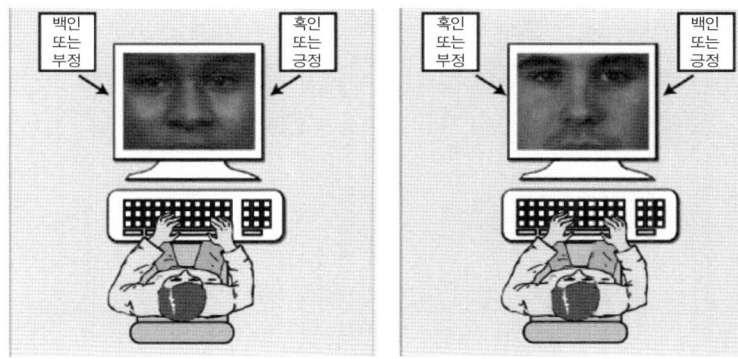

다양성을 갖춘 조직은 위기를 좀 더 효과적으로 극복했다

우리에게 다양성이란 단어에 오랫동안 연합된 단어들이 바로 성별, 인종, 세대 등입니다. 최근 실제로 다양한 조직에서 다양성에 관한 고민을 제게 토로하고 있고 함께 고민하고 있습니다. 그런데 이 조직들의 고민은 성별, 인종, 세대 등에 국한되지 않습니다. 한국 조직에서 경험하는 다양성 문제는 복잡다단합니다. 제가 2014~2023년의 소셜 네트워크 데이터 22만 건을 분석했을 때 주요한 단점이 아홉 가지 주제로 뽑혔는데 그중 세 가지는 다양성 문제로 볼 수 있습니다. 본사와 현장 직군 간 차별, 조직 내 부서별 차이, 정규직과 계약직 등의 문제가 그것입니다. 이처럼 한국 직장인들이 조직에서 느끼는 단점 중 30% 정도가 다양성과 관련된 문제이다 보니 우리가 당장 직면한 문제로 볼 수 있습니다.

한국 직장인들이 표현하는 기업의 단점 9가지

토픽 번호	토픽 라벨(의미)	키워드
0	시스템과 체계 부족	시스템, 체계, 제도, 부족, 인사
1	성과 압박	실적, 성과, 능력, 승진, 압박
2	야근과 워라밸	퇴근, 출근, 야근, 주말, 근무
3	현장 직군 차별	현장, 매장, 생산, 단점, 차이, 차별
4	연봉 불만족	급여, 복지, 연봉, 불만, 차이, 이직
5	보수적 조직문화	수직, 보수, 군대, 문화, 보고
6	부서별 차이	부서, 차이, 강도, 다르다, 리더
7	신분에 따른 차별	본사, 계약직, 정규직, 채용, 차별
8	성장 기회 부족	성장, 발전, 미래, 기회, 부족

　조직에서 다양성 문제를 함께 풀기 위한 첫 번째 과정은 바로 다양성 개념의 확장입니다. 다양성은 눈에 쉽게 보이는 인종, 세대, 성별뿐만 아니라 쉽게 눈에 보이지 않는 가치, 태도, 경험까지를 포괄합니다. 진 트웬지는 2023년 출간한 저서 『제네레이션』에서 약 3,900만 건의 데이터로 세대 이야기를 합니다. 미국에는 현재 5세대(사일런트, 베이비붐, X, M, Z세대)가 조직에 모여 있는데 갈등이 높다고 합니다. 그러면서 세대 갈등이 발생하는 이유를 가령 10~20대와 같은 중요한 사회적 시기에 경험한 기술과 행동 양식과 가치관이 달라서라고 설명합니다.

　예를 들면 제가 초등학교에 다닐 때 친구들과 놀고 싶으면 동네를 돌면서 "종윤아, 종수야 축구하자!"라고 친구들을 불러내서 공터에서 뛰어놀았습니다. 그러나 지금은 애플리케이션에서 함께 축구할 사람을 모으고 돈을 나눠 내고 게임을 하고 헤어지는 식입니다. 인터넷과 애플리케이션이란 기술이 등장하면서 우리가 소통하고 함께하는 방식이 바뀌었습니다. 이처럼 세대 간 차이는 나이가 달라서 나는 것이 아니라 어떤 경험, 기술, 가치관을 갖고 있는지에 기인합니다. 그러므로 우리가 이해해야 하는 다양성 요소에 가치, 태도, 경험까지 포괄해야 합니다.

이에 더해 우리에게 다양성이 중요해진 또 다른 이유는 바로 인공지능의 본격적 활용입니다. 인공지능은 객관적이지 않습니다. 정확하게는 인공지능이 학습한 데이터나 활용한 알고리즘은 이를 제공한 사람의 영향을 받습니다. 가령 우리가 즐겨 쓰는 챗GPT는 정치적으로 진보적 성향인 반면에 오픈소스인 라마는 보수적 성향이라는 사실이 기사로 밝혀진 바 있습니다. 이미지 생성형 인공지능에 "신문 읽는 사람을 그려달라."라고 요청하면 그림「생성형 인공지능이 만든 이미지 사례」와 같이 백인에 정장을 입은 남성만 생성합니다. 학습한 데이터가 한쪽으로 편향된 결과라고 할 수 있습니다. 앞으로 인공지능을 활용해서 업무를 할 때 데이터와 알고리즘이 편향성을 갖는지 아닌지는 다양성이 중시되는 흐름과 함께 매우 중요한 사안이라고 할 수 있습니다.

이토록 다양성이 중요해지는 시기에 우리는 무엇을 해야 할까요? 오랫동안 우리는 다양성을 추구해야 하는 목표로 생각해왔습니다. 이런 믿음에 따라 DEI, 즉 다양성, 공정성, 포용성이란 표현이 널리 활용됐죠. 그런데 최근 들어 다양성은 결과이지 추구해야 할 목표가 아니라면서 애플, KPMG, 킴벌리클라크 등 여러 회사에서 DEI 대신 I&D, 즉 포용성과 다양성으로 다르게 표현하고 있습

생성형 인공지능이 만든 이미지 사례[21]

이미지 생성형 인공지능 스테이블 디퓨전 홈페이지에서 '신문 읽는 사람을 그려달라'고 요청하자 남성의 이미지가 주로 생성됐다. (출처: 파이낸셜뉴스)

니다. 이런 변화는 미국인사관리협회 콘퍼런스에서도 2024년 공식적으로 세션명을 I&D로 바꾸고 위원회 이름도 바꾸면서 본격화되고 있습니다. 그렇다면 왜 DEI 대신 I&D가 중요하게 대두되고 있을까요?

다양성이 이토록 인사관리에 중요하게 다뤄진 역사를 알기 위해서는 1960년대까지 거슬러 올라가야 합니다. 흑인에 대한 차별 조치를 개선하기 위한 '적극적 우대 조치'는 차별로 인한 불평등을 해소하는 방안으로 처음 도입됐습니다. 이후 미국 '민권법'에 따라 모든 형태의 차별을 연방법으로 금지하고 있습니다. 적극적 우대 조치는 특정 집단을 우대하는 적극적 조치를 뜻하고 민권법은 차별을 금지한다는 측면에서 다양성 관리에서 서로 다른 함의를 갖습니다. 특히 적극적 우대 조치는 한국에서도 여성인력의 낮은 활용과 차별을 방지하기 위해 2006년부터 공공부문을 포함해 1,000인 이상의 민간 부문에서 고용 평등 프로그램으로 시행됐습니다.

이처럼 차별 문제를 해결하기 위한 당위적 목표로 시작된 다양성이란 주제가 1980년 후반에 들어서는 인적자원 분야에도 적용되기 시작했습니다. 미국의 제조업 부문에서 전반적인 인력 부족 문제가 생기면서 다양한 성별, 인종, 국적을 가진 인력 활용 문제가 대두됐습니다. 이후로 다양성을 존중하고 관리함으로써 조직 경쟁력을 확보할 수 있다는 주장이 힘을 받게 됐죠. 포용성을 키우기 위해 관련 정책과 시스템을 만들었고 이에 따른 효과가 드러나기 시작합니다.

2000년대 이후 본격적으로 미국 실리콘밸리 기업을 중심으로 DEI 주제가 본격화됐습니다. 2013년 핀터레스트는 조직 내 엔지니어가 부족한 현상을 보고 기술 분야에 여성 참여가 저조하다는 점을 인지한 후 조직 내 12%만이 여성 엔지니어임을 공개적으로 알리게 됐습니다. 당시 핀터레스트의 엔지니어였던 트레이시 추는 기술 업계의 다양성 문제를 해결하기 위해 데이터를 공개하는 운동을 시작했고 깃허브에 공개 스프레드시트를 만들어 관련 비율을 자발적으로 보고하도록 유도했습니다. 어찌 보면 미국인사관리협회 콘퍼런스와 최근 인사에서 그토록 중요하게 여기는 투명성 사례로 볼 수 있습니다.

이런 움직임은 기업들이 자사의 다양성 데이터를 공개하도록 압력으로 작용했습니다. 2014년 구글이 처음으로 다양성 보고서를 내는 계기가 되기도 했습니다. 1980년 후반부터 2000년 후반까지 다양성을 바라보는 문제는 더 이상 당위성이 아니라 조직 내 문제를 해결하기 위한 비즈니스 관점으로 볼 수 있게 된 것입니다.

2010년으로 넘어가면서 기업들은 조직에 필요한 인력을 더욱 효율적으로 공급하기 위한 다양성 관리에서 조직 내 다양한 인력 구성이 갖는 효과에 관심을 쏟게 됩니다. 휴렛팩커드 연구팀은 다양성을 보유한 팀이 더 창의적이고 혁신적인 솔루션을 제시하며 새로운 시장 개척에 유리함을 증명했는데요. 특히 두 가지 종류의 다양성, 즉 성별이나 인종과 같은 타고난 다양성과 경험을 통해 얻는 지식이나 능력 같은 취득한 다양성을 골고루 보유한 기업은 시장점유율이 전년도 대비 증가했고 새로운 시장을 확보할 확률도 높았습니다.

이후 맥킨지는 2020년 보고서에서 DEI를 적극적으로 관리한 기업들이 코로나19 위기를 보다 탄력적이고 효과적으로 극복했다고 밝혔습니다. 이 같은 효과를 증명하듯 2022년 포춘 500개 기업 80% 이상이 DEI를 주요 가치로 내걸고 있다고 합니다.

조직 내 차별과 인공지능의 동질성 문제를 해결해야 한다

그러나 다양성이 중요하다는 주장에 대해서 2020년 이후로 본격적인 반론이 등장하기 시작했습니다. 눈에 보이지 않는 성별, 인종, 세대 갈등은 미국에서도 이미 오래됐습니다. 여러 주에서 백인들이 적극적 우대 조치 때문에 미국 대학 입시에서 역차별을 받았다며 소송을 한 적이 몇 차례 있습니다. 2023년 6월 29일 미국 연방대법원이 하버드대학교와 노스캐롤라이나대학교의 소수 인종 우대정책에 대해 최종 위헌 결정을 내림으로써 다양성 관리의 근간이 돼온 적극적 우대 조치에 제동이 걸렸죠. 이후 미국 유타 주지사 스펜서 콕스는 2024년 1월 30일 DEI 정책을 금지하는 법안 HB261에 서명했습니다.

이 법안은 중고등학교, 공립대학교, 정부 기관에서 '다양성, 공정성, 포용성'이란 단어를 프로그램에서 제외해야 하고 공공기관 이용 시 특정 인종이나 성별에 기반한 프로그램을 모든 개인에게 개방해야 합니다. 또한 고용 과정에서 지원자에게 DEI에 관한 견해를 묻는 것을 금지합니다. 이 법안은 2024년 7월 1일부터 시행되고 있습니다. 이후 텍사스주, 노스캐롤라이나주, 노스다코다주 등에서 DEI 금지법이 제정돼 곧 시행을 앞두고 있습니다. 트럼프 2기에 이르러 여러 조직에서 앞다퉈 다양성 제도와 정책을 폐지하고 있습니다.

이런 변화를 반영해서 미국인사관리협회는 I&D라는 표현을 공식적으로 쓰기 시작했습니다. CEO 조니 테일러는 공정성은 여전히 중요한 단어지만 포용성을 중심으로 한 활동을 더욱 강조하기 위해서 'E'를 공식 표현에서 제외하기로 했다고 설명했습니다. 전 세계에서 가장 큰 인사관리협회이자 미국 백악관의 인사 관련 자문을 하는 단체인 미국인사관리협회의 발표는 전 세계적으로 여러 논의를 불러왔습니다. 공정성이란 원칙이 매우 중요한데도 관련 단어를 제외했다는 점 자체만으로 실망스럽다는 여러 기사가 뒤따라 나왔죠. 국내 여러 언론에서도 이 사안을 다루었고요.

이 밖에도 2023년 11월 기준 DEI 관련 구인 공고가 전년 대비 23% 감소했고 구글과 메타가 DEI 관련 프로그램을 축소하고 관련 담당자를 해고하는 일도 있었습니다. 줌, 스냅, 테슬라 등 여러 기업도 DEI팀 규모를 축소한 것으로 보고됩니다. 그리고 한국에는 정정보도가 안 돼서 잘 알려지지 않지만 마이크로소프트 역시 DEI팀이 해체됐다는 잘못된 소식이 국내외에 알려져 여러 관계자를 충격에 빠뜨리기도 했습니다. 이처럼 2020년 이후 DEI 관련 활동에 여러 변화가 일어나고 있고 관심사도 줄어들고 있습니다. 이에 대한 다양한 해석이 있지만 종합하면 인종, 세대, 성별 등 특정 집단을 대상으로 한 우대 조치나 제도는 형평성, 공평성, 공정성이란 최근 가치에 맞지 않다는 것입니다. 그리고 다양성이 목표가 되는 제도와 법률은 한계에 달했다는 게 제 해석입니다.

그러므로 포용성이 선행된 후에 다양성이 결과로 나오는 순서가 중요하다는 것이 최근 조직관리의 중요한 흐름으로 볼 수 있습니다. 제가 10년간 한국 직장인의 데이터 22만 건을 분석한 결과에서도 기업의 단점 중에 차이와 차별에 관한 내용이 주요하게 나왔습니다. 이를 고려하면 한국에서도 다양성 문제가 조직에 잠재돼 있음을 알 수 있습니다. 그러나 한국에서 다양성 문제는 미국과 유럽과는 다릅니다. 미국과 유럽은 역사적으로 다양성에 관한 고민이 인종 문제에서 시작했습니다. 반면에 한국은 성별이나 세대와 최근에는 근무지, 출신(공채, 자사, 경력 채용), 직군(현장, 본사) 등에서 다양성 문제가 불거졌죠. 이처럼 한국 직장에서 다양성 문제는 잠재적으로나 표면적으로나 더욱 커질 개연성이 높습니다.

또한 최근 인공지능 기술이 발전하고 조직 내 도입이 본격화될수록 I&D는 훨씬 중요한 주제로 대두되고 있습니다. 대표적인 예로 최근 『네이처』에서 발표한 다수의 연구에서 성성형 인공지능이 학습할 데이터가 부족함에 따라 합성 데이터를 활용하게 되는데 반복될수록 결과물이 유사하게 됩니다. 또한 유튜브에서 쇼츠를 추천하는 추천 알고리즘 등과 같은 식별형 인공지능의 결과물이 우리 생활에 깊숙하게 적용될수록 문화 내 다양성이 줄어드는 현상은 이미 여러 연구를 통해 밝혀졌죠.

전 세계적으로 DEI는 여러 압력을 받고 있어 이를 주장하기가 조심스러워지고 있습니다. 그러나 한국의 조직에서 다양성 문제는 더욱 불거지고 있으며 인공지능의 도입으로 동질성이 더욱 높아질 상황이어서 반드시 해결해야 합니다. 앞에서 이야기한 대로 다양성이 갖는 조직 내 효과성은 자명합니다. 무엇보다 중요한 것은 다양성은 포용성이란 토양 위에 맺는 열매라는 점을 믿고 인지하는 것입니다.

5
일을 직무 아닌 과업 중심으로 나누고 재디자인해야 한다

"일을 과업 중심으로 나누고 업의 본질을 꿰뚫어 스스로
재디자인하는 능력이 생존의 핵심이다."

미래학자 마이클 월시는 『알고리즘 리더』에서 데이터와 알고리즘이 중시되는 시대에서 일을 스스로 디자인하고 정의할 수 있는 능력은 리더와 구성원에게 매우 중요하다고 강조합니다. 인공지능이 일자리를 전면적으로 대체할 것이라는 우려가 번지고 있습니다. 하지만 정확히는 인공지능이 '직무 전체'가 아니라 '과업 단위'를 대체한다고 봐야 합니다. 예컨대 마케팅 직무를 통째로 없애는 것이 아니라 시장조사, 인사이트 발굴, 디지털 광고 집행, 성과 분석 같은 개별 과업을 인공지능이 수행하게 될 것입니다. 인공지능이 특정 직무 전체를 대체하는 것이 아니라 그 직무를 구성하는 다양한 과업을 효과적으로 지원하고 대체함으로써 업무 효율을 높이는 것이죠. 나아가 우리의 일 자체를 재정의하도록 이끌 것입니다.

인간은 더 고도의 파단력이 요구되는 일을 하게 된다

조직, 리더, 구성원은 앞으로 어떠한 태도를 가져야 할까요? 핵심은 내가 하는 일을 과업별로 나누는 능력입니다. 기존에는 일을 마케팅, 인사, 엔지니어링 등 직무 중심으로 구분했습니다. 그러나 이제는 과업 단위로 세분해 그중 어떤 과업을 인공지능이 대체하거나 증강할 수 있는지를 파악해야 합니다. 예를 들어 인사 직무에는 채용 공고 작성, 면접 일정 관리, 평가 제도 운영, 구성원 감정 케어 등 다양한 과업이 있습니다. 이 가운데 일정 관리와 이력서 검토 같은 영역은 인공지능에 맡기는 것이 훨씬 효율적일 수 있습니다. 하지만 면담을 통해 구성원의 심리적 안전감을 확보하는 일은 인간 고유의 역량이 더 빛을 발할 것입니다.

이처럼 인간 고유의 역량으로 더 잘할 과업과 인공지능으로 대체하면 증강될 과업을 구분하려면 직무를 구성하는 여러 업무 요소를 분석하고 각각의 특성과 복잡도를 평가해야 합니다. 그리고 일 자체를 어떤 방식으로 재정의할지를 결정하는 과정은 필수입니다. 이러한 과정을 거치면 직무는 기존과 다른 형태로 구성될 가능성이 큽니다. 같은 마케팅 담당자라도 인공지능이 이미 시장 분석 보고서를 작성하고 주요성과지표를 산출하는 상황에 있는 사람은 인공지능이 제시한 지표를 해석하고 더 깊은 통찰과 창의적 아이디어를 내는 쪽에 집중할 수 있습니다. 또한 인공지능이 담당하지 못하는 부분, 예컨대 고객과의 직접적 교류, 감성적 요소, 전략

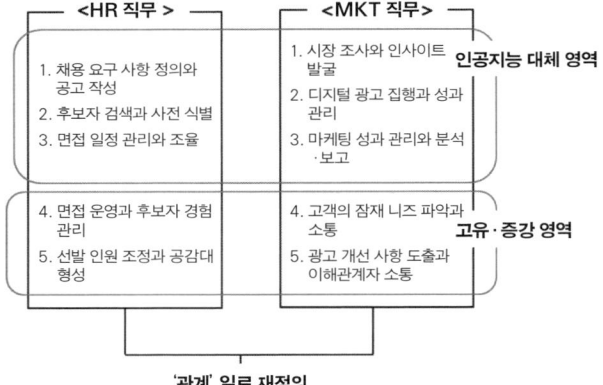

일의 재정의 모습

적 기획, 커뮤니케이션에 더 많은 에너지를 투입해 고부가가치 성과를 낼 수 있을 것입니다.

이를 위해서는 조직이 기존 직무 체계에 얽매이지 않고 과업을 재정의하고 디자인하는 문화가 정착돼야 합니다. 한편 구성원도 스스로 내가 맡은 직무가 아니라 내가 수행하는 여러 과업을 어떻게 인공지능과 결합할 수 있을까를 고민하는 역량이 필요합니다. 가령 인사 직무라면 사람을 선발, 평가, 보상하는 일 전반을 조금 더 세밀히 나누어 인공지능이 잘 처리할 영역과 인간적 공감이 필요한 영역을 구분해봅니다. 그리고 각 영역을 어떻게 효율화할 것인지, 새롭게 정의한 업무에서 어떤 스킬이 필요한지 등을 리더와 함께 설계할 수 있겠죠.

이때 필요한 것은 단지 인공지능이 잘할 수 있는 일을 뽑아내는 것만이 아닙니다. 인간의 감성, 창의성, 문제 해결 능력이 필수적인 '인간 고유 영역 혹은 인공지능과 함께 일해서 성과가 올라가는 증강 영역'을 어떻게 살릴 것인지도 동시에 고민해야 합니다. 그림 「일의 재정의 모습」은 인사HR 직무와 마케팅MTK 직무를 예시로 인공지능 대체 영역과 인간 고유 영역과 증강 영역을 구분한 것입니다. 이처럼 인공지능이 기존에 사람 손이 많이 가던 작업을 담당하게 되면 그만큼 인간은 더 복잡하거나 고도의 판단력이 요구되는, 혹은 사람 사이의 관계를 매개하는 업무에 집중할 수 있습니다. 실제로 회사 내부에서 동료, 고객, 파트너와의 관계 형성이나 중요한 의사결정을 뒷받침하는 조정자, 즉 코디네이터 역할은 인공지능이 대체하기가 쉽지 않습니다.

업의 본질 파악을 통해 일의 의미를 아는 것이 더욱 중요해진다

이런 관점에서 결국 우리가 해야 할 일은 단지 인공지능이 맡을 만한 과업을 골라내는 것에 그치지 않습니다. 오히려 내가 하는 일이 무엇인지를 더 근본적으로 정의하고 디자인하는 단계까지 나아가야 합니다. 예컨대 삼성 이건희 회장이 말했던 업業의 본질을 꿰뚫어보는 능력과 같습니다. 호텔업이 단순히 서비스를 제공하는 업종인 줄 알았는데 사실은 부동산 사업의 속성을 가진 것이라는 통찰이 그 예입니다. 마찬가지로 인사 직무 역시 채용, 교육, 보상을 수행하는 형식적 표현에 그쳐서는 안 됩니다. 그보다는 사람과 일 사이의 관계를 통합적으로 관리하고 조직의 성장을 이끄는 과업이 진짜 본질일 수 있습니다. 한마디로 직무의 표현형表現形을 넘어 근본적으로 업을 보는 안목이 필요한 것이죠.

이런 안목을 바탕으로 개인과 조직 모두 업의 본질을 파악하고 인공지능이 대체하고 협업할 영역과 인간 고유의 역량이 빛을 발할 영역을 새롭게 설정해야 합니다. 이 과정에서 각자 자신이 하는 일을 어떻게 정의할지 고민해볼 수 있습니다. 이렇듯 일을 스스로 정의하고 재설계하는 능력은 인공지능 시대에 개인이 단순 업무 대신 창의적이고 전략적 가치를 창출할 수 있도록 하는 핵심 역량이 됩니다.

무엇보다도 업의 본질을 파악해 이 일이 진짜 무엇을 위해 존재하는지를 자각하는 과정이 중요합니다. 그래야만 기존 직무 체계를 유지한 채 인공지능을 추가로 도입하느라 생길 수 있는 갈등과 혼선을 줄이고 인간이 맡을 영역과 인공지능이 맡을 영역을 명확히 구분해 서로의 강점을 극대화할 수 있게 됩니다. 그렇게 다시 정의한 '내 일'은 형태만 조금 달라졌을 뿐 결국 업의 본질이 반영된 새로운 과업들의 묶음일 것입니다. 이것이야말로 우리가 인공지능 시대에 추구해야 할 일을 근본적으로 디자인하는 방향일 것입니다.

6장

인공지능 시대 어떻게 조직이 변화해야 하는가

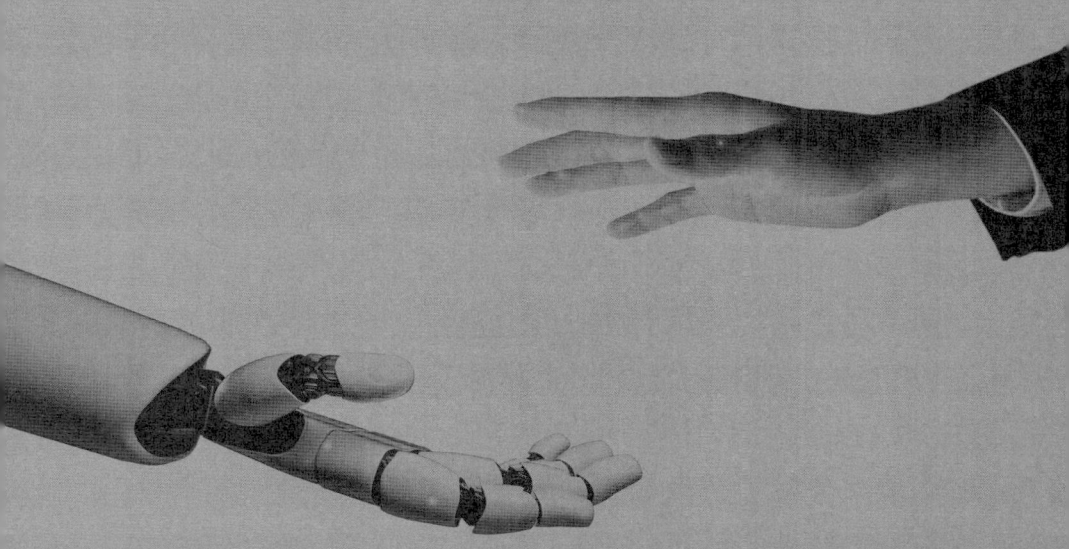

1
인공지능 친화적 문서 혁신이 성과를 끌어낸다

"인공지능 시대에는 예쁘게 꾸민 보고서가 아닌
구조화된 지식 자산이 경쟁력이 된다."

세계 각지에서 생성형 인공지능과 데이터를 결합한 디지털 전환을 가속하고 있습니다. 하지만 정작 한국 기업들의 '보고 문화'와 '문서 형태'는 여전히 과거 방식을 고수하고 있다는 지적이 많습니다. 특히 CEO와 임원 등 최고경영진에게 의사결정을 위한 자료를 제출할 때 아름답게 꾸민 PPT, 복잡하게 병합한 엑셀, 화려한 PDF 형식의 보고서를 만드는 데에 막대한 시간이 소요됩니다.

제가 2022년 『데이터와 사례로 보는 미래의 직장』에서 한국 대기업과 스타트업을 미국 애플, 아마존, 구글, 마이크로소프트 등의 기업과 비교했는데요. 데이터 분석을 통해 한국 대기업 직장인이 퇴사하는 중요한 이유 중 하나가 보고와 보고서 문화라는 것이 드러났죠. 특히 최고경영층에 올라가는 예쁜 보고서를 만들기 위해서 버전20 정도는 우습게 넘어가는 문화가 한국 직장인이 이야기하는 큰 단점 중 하나였습니다. 문제는 이렇게 작성한 문서가 인공지능이 내부 지식을 학습하고 이해하기에는 부적합한 형태라는 사실입니다. 이번 장에서는 인공지능 친화적 문서화와 협업 방식이 왜 필요한지 그리고 조직이 어떤 변화를 추진해야 하는지를 살펴보고자 합니다.

인공지능 친화적으로 일하려면 문서 작성 방식을 바꿔야 한다

PPT, 엑셀, 한글 파일, PDF 형식의 보고서와 문서는 인공지능이 내부 지식을 학습하기에 적절하지 않습니다. 예컨대 PPT 슬라이드 안에 흩어진 텍스트, 그래프, 도형, 애니메이션 효과들은 인공지능이 구조적으로 해석하기가 매우 어렵습니다. 최근에는 PDF와 이미지 속 텍스트를 추출하는 OCR과 같은 기술이 발전했지만 여전히 '예쁘게' 꾸민 PPT나 PDF에서 중요한 데이터와 맥락을 온전히 복원하기가 쉽지 않습니다. 이처럼 데이터가 텍스트 중심으로 구조화돼 있지 않으면 과거 조직에서 축적된 수많은 문서를 인공지능이 제대로 활용하지 못할 수도 있습니다.

결국 한국 특유의 보고서 문화는 인공지능 시대에 걸림돌로 작용할 가능성이 큽니다. 인공지능은 구조화된 텍스트와 메타데이터를 선호하기 때문에 PPT 중심의 산발적·비정형적 문서는 학습 과정에서 활용 가치가 떨어집니다. 그 결과 조직 고유의 노하우와 지식이 자칫 인공지능 시대에 재사용되지 못하고 잊힐 수도 있습니다.

오늘날 일부 글로벌 기업은 이러한 문제를 인지하고 마크다운 형식 문서나 협업툴을 도입해 문서를 구조화하여 저장하고 있습니다. 마크다운 형식은 본질적으로 단순하면서도 텍스트와 태그가 명료하게 분리돼 있어 기계(모델)가 인식하고 이해하기 위한 파싱(구문 분석)도 비교적 쉽습니다. 국내에서도 GS그룹이 노션에 조직 내 주요 지식과 의사소통 체계를 구축하는 시도를 하고 있습니다. LG유플러스도 협업툴 컨플루언스를 전사적으로 도입해 협업 과정에서 문서를 버전별로 관리하고 있습니다. 이는 장기적으로 우리 조직에 특화된 인공지능 모델을 만들기 위한 초석이 될 수 있습니다. 실제로 마크다운 형식 문서는 인공지능이 빠르게 이해하고 검색과 재분류하기에 쉽습니다.

그렇다면 인공지능에 친화적으로 일하는 방식을 정착시키려면 무엇을 어떻게 바꿔야 할까요? 먼저 문서 작성 방식을 전면 재점검해야 합니다. 기존에는 최고경영진과 임원들이 선호하는 PPT나 PDF 형식으로 보고서를 예쁘게 작성하는 것이 중요했습니다. 하지만 인공지능 시대에는 기계가 읽기 좋은 형식으로 핵심 정보가 정리된 문서가 더 중요해질 것입니다. 구성원이 보고서 디자인에 공을 들이게 할 것이 아니라 간결하고 구조화된 텍스트 기반 보고서와 데이터를 생산하는 데 집중하도록 해야 합니다. 헤딩, 리스트, 테이블 등으로 구분된 마크다운 형식을 채택하고 이력 관리와 버전 기록을 철저히 하는 것이 이상적입니다. 또한 표와 그래프가 필요한 경우에도 이미지보다는 가능한 한 텍스트 기반으로 표현하는 것이 좋습니다. 꼭 필요한 이미지를 쓸 때도 대체 텍스트나 설명 문구를 달아야 인공지능이 이를 제대로 이해할 수 있습니다.

이러한 변화는 임원과 리더 입장에서도 이점이 많습니다. 예컨대 과거에는 특정 프로젝트의 보고 내용이나 데이터 통계를 다시 확인하려 할 때 PDF나 인쇄된 문서를 일일이 뒤져야 했습니다. 게다가 애써 찾은 자료가 최신 버전이 맞는지 확신하기가 어려웠습니다. 그러나 마크다운 등을 활용해 지식을 구조화하고 이를 검색증강생성 기법 같은 인공지능 검색 모델과 연동하면 원하는 정보를 즉시 찾아볼 수 있습니다.

예를 들어 구글 노트북LM은 구글이 제공하는 인공지능 서비스입니다. 사용자가 구글 드라이브에 저장된 슬라이드, 문서, 텍스트 파일, 마크다운 형식의 자료 등을 노트북LM에 업로드하면 인공지능과 대화를 주고받으면서 내용 전체를 요약하거나 특정 데이터를 추출하는 일이 가능합니다. 놀랍게도 추출한 내용을 팟캐스트 형식으로 만들어서 10~15분가량 음성으로 들을 수도 있고 사용자가 팟캐스트 대화에 참여해서 질문하고 답변을 받을 수도 있습니다. 가령 지난 1년 동안 인사 부서의 보고서를 20개 정도 업로드해서 어떤 내용을 주요하게 다뤘고 보완해야 할 점이 무엇인지를 노트북LM과 소통하면서 아이디어를 얻을 수도 있습니다. 또한 인공지능이 업로드한 자료 속에서 관련된 데이터를 찾을 수도 있으며

구글 노트북LM 화면

전체적인 흐름을 팟캐스트처럼 쉽게 설명할 수도 있습니다. 노트북LM을 활용하면 임원과 리더가 의사결정에 필요한 정보를 단 몇 번의 질의로 확인할 수도 있고 문서를 찾고 해석하는 데 드는 시간도 크게 절약할 수 있습니다. 결과적으로 조직 전처가 단순한 문서 탐색과 불필요한 반복 보고를 하는 과정을 생략하고 전략적이고 창의적인 논의에 에너지를 쏟게 될 것입니다.

인공지능 친화적 문서 형식과 협업 툴 도입은 필수적이다

아울러 협업툴 도입이나 전사적 데이터베이스화가 뒤따르면 조직 내 모든 지식과 문서가 일원화된 형태로 모이게 됩니다. 노션과 컨플루언스와 같은 플랫폼에 마크다운 기반 문서를 쌓아두면 인공지능 모델이 이를 색인화하고 학습하기에 훨씬 수월해질 것입니다. 자연히 업무 자동화, 챗봇 등 사내 인공지능 서비스가 더 똑똑해질 가능성이 커지겠죠. 과거 PDF 혹은 한글 파일 형식의 보고서로만 있던 내용은 인공지능이 꼼꼼하게 이해하지 못했는데요. 이제는 마크다운이나 텍스트 데이터로 전환한 문서를 통해 업무 문맥을 정확히 학습할 수 있게 된 것이죠.

이렇듯 인공지능 친화적으로 일하는 방식은 장기적으로 조직의 문화와 성과 전반에 큰 변화를 불러올 수 있습니다. 첫째, 보고서 작성 시간이 단축되고 불필요한 시각적 요소에 들이던 자원이 절약됩니다. 그 에너지를 본질적 업무인 사업 전략, 마케팅 아이디어, 고객 분석 등에 쓸 수 있어 조직 성과가 향상될 수 있습니다. 둘째, 조직 내 데이터가 투명하고 구조화된 형태로 축적되므로 인공지능 모델을 바탕으로 의사결정을 내리는 속도와 정확도가 높아집니다. 셋째, 임직원들 스스로 '이 문서는 인공지능이 이해하기 쉬운가?'를 고려하며 작성하게 되므로 자연스레 문서 품질과 논리 정합성도 개선될 가능성이 큽니다.

물론 도입 초기에 직원들이 마크다운 등 새로운 문서 형식에 적응하는 데 어려움을 겪을 수 있습니다. 그리고 외부 보안 문제나 기존 문서 형식과의 호환성 문제 등이 발생할 수 있습니다. 하지만 조직이 이 과정을 성공적으로 넘어선다면 장기적으로 인공지능 시대에 반드시 필요한 데이터 자산을 확보할 수 있습니다. 혹자는 인공지능이 결국 PDF와 PPT도 잘 이해하게 될 텐데 굳이 바꿀 필요가 있느냐고 반문할 수 있습니다. 하지만 인공지능이 아무리 발전해도 불필요하게 복잡한 문서 구조를 100% 정확히 해석해 내기란 쉽지 않습니다. 게다가 보고용 문서를 간소화하고 텍스트 기반으로 전환하는 것은 단지 인공지능의 학습 편의를 위한 것만이 아닙니다. 조직의 업무 효율과 투명성을 높이는 이점도 있기 때문입니다.

인공지능과 함께 일하는 환경을 마련하려면 지금까지 익숙했던 PPT, 엑셀, PDF 중심의 보고 문화를 바꾸는 일이 시급합니다. 한국 기업이 지닌 고질적 문제 중 하나이기도 한데 예쁜 보고서를 위해 과잉 투입되는 인적자원을 이제는 좀 더 본질적 업무와 전략적 사고에 투입해야 합니다. 그런 의미에서 마크다운과 같은 인공지능 친화적 문서 형식과 협업툴 도입은 필수입니다. 이러한 접근은 그 자체로 디지털 전환의 한 축입니다. 조직 내 지식이 인공지능 학습에 최적화된 상태로 축적되고 공유됨으로써 긍극적으로 조직이 인공지능 시대에 빠르고 정확한 의사결정을 내릴 수 있는 기반을 공고히 하게 될 것입니다.

2
조직 내 구성원의 측정 가능한 스킬을
어떻게 관리할 것인가

"인공지능 시대 일은 과업으로 쪼개고 인재는
스킬로 재정의해야 한다."

    2022년 카타르 월드컵에서 높은 성적을 거둔 팀들의 공통점은 무엇일까요? 인터넷을 검색하면 아르헨티나(우승), 프랑스(준우승), 크로아티아(3위), 모로코(4위), 네덜란드(5위), 잉글랜드(6위) 등 실제 순위를 쉽게 확인할 수 있습니다. 그렇다면 이 팀들을 높은 순위로 이끈 요인은 무엇이 있을까요? 우승팀 아르헨티나에는 리오넬 메시가, 준우승팀 프랑스에는 킬리안 음바페가 있었습니다. 둘은 결승전에서 눈부신 활약을 펼쳤습니다. 이 사실만 놓고 '스타플레이어가 있는 팀이 높은 성적을 낸 것'이라 결론을 내릴 수도 있습니다. 그러나 데이터 관점으로 보면 이야기가 조금 다릅니다.
    캘리포니아주립대학교 스티븐 김 교수가 국제축구연맹FIFA에서 제공하는 100여 개의 데이터를 분석한 결과 월드컵 순위는 '유효

슈팅 횟수'와 가장 높은 상관관계를 보였습니다. 그리고 이 '유효 슈팅 횟수'에 강력한 영향력을 미치는 지표가 바로 '팀 전체가 25미터 스프린트로 경기장을 얼마나 많이 커버했는지'라는 점이 드러났습니다. 즉 전력 질주를 통해 많은 공간을 빠르게 커버한 팀일수록 더 많은 골 찬스를 만들어 높은 순위를 기록했다는 결론입니다. 한편 메시 같은 스타플레이어는 100미터 달리기 속도와 패스 성공률 등으로 측정되는 정량적 지표(스킬)에서는 그리 돋보이지 않는다는 사실도 흥미롭습니다. 그의 천재적 감각과 센스는 데이터화하기 어려운 영역이기 때문이죠.

이 사례는 최근 조직 관리와 운영에서 부상하는 데이터에 기반한 의사결정과 스킬 관리의 중요성을 단적으로 보여줍니다. 인공지능 활용이 늘면서 조직 내 구성원의 측정 가능한 스킬(능력)을 어떻게 관리할 것인가가 핵심 과제로 떠오른 것입니다.

인재 확보, 유지, 보상 정책이 '스킬 중심'으로 재편된다

2023년 12월 세계경제포럼이 발표한 보고서 「스킬 경제」에 따르면 전 세계 87% 이상의 조직이 필요한 스킬을 충분히 갖춘 인재를 확보하지 못하는 스킬 갭을 겪고 있으며 더 커질 전망이라고 합니다.[1] 딜로이트 보고서에도 스킬 기반 조직이 혁신적이고 인재를 효과적으로 운영하며 환경 변화에 효율적으로 대응할 수 있다는

내용을 강조했습니다.²

저 또한 국내 여러 기업과 만나 스킬 중심 인사 모델을 협의하고 설계하고 있습니다. 그러나 아직 스킬에 대한 정의와 방향성이 완전히 합의된 곳은 많지 않습니다. 가령 앞서 카타르 월드컵 사례에서 25미터 스프린트 속도와 거리 같은 구체적이고 측정할 수 있는 능력을 스킬이라 부를 수 있는 반면 메시가 지닌 천재적 감각과 센스 같은 영역은 스킬로 구체화하기 어렵습니다. 따라서 스킬은 수치화가 가능한 구체적 역량이며 데이터에 기반한 의사결정에 매우 적합합니다. 자연히 인공지능과 알고리즘이 조직 운영에 도입될수록 스킬 기반 조직 운영은 더 큰 영향력을 발휘하게 됩니다.

미국 실리콘밸리 기술 기업을 중심으로 급여 정보를 공개하는 급여 투명성 움직임이 가속하고 있습니다. 급여 결정이 성별, 학력, 인종 같은 개인 특성 대신에 개인이 보유한 스킬과 기여도에 따라 이뤄져야 한다는 취지입니다. 구글이 미국 대법원에서 패소했던 원인도 동일 조건이었는데도 성별 차이에 따른 급여 불공정이 드러났기 때문입니다.

이제 조직이 투명하게 누가 어떤 스킬을 갖췄고 그 스킬이 얼마나 가치를 지니는지를 공개하려면 구체적인 지표와 데이터가 필수입니다. 이에 따라 스킬 기반 보상체계를 구축하거나 스킬에 따라 업무 기회를 부여하는 조직이 늘고 있습니다. 최근 조직 관리에서 문제가 되고 있는 보상에서 인공지능 프리미엄 현상과도 맥을 같이 합니다. 최근 프라이스워터하우스쿠퍼스에서 전 세계 15개국

국가별 인공지능 보상 프리미엄

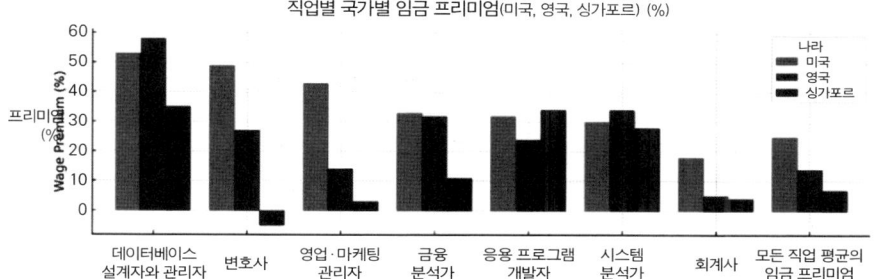

의 구인 광고 5억 건을 분석한 결과 인공지능 기술을 가진 사람은 보상 프리미엄을 갖는데 미국에서는 25%, 영국에서는 14%, 싱가포르에서는 7% 이상의 프리미엄을 갖습니다.[3] IT 분야뿐만 아니라 재무, 마케팅, 법무, 영업 등의 분야에서도 인공지능 기술을 가진 사람과 아닌 사람의 초봉 역시 50% 가까이 차이가 났습니다.

이처럼 스킬 갭이 커지는 동시에 스킬에 따른 보상 차등도 커져 조직이 어려움을 겪고 있습니다. 그럼에도 아직 한국의 여러 조직에서는 개인의 능력이나 스킬이 아니라 성과, 경험, 경력에 근거해서 보상을 연동하는 곳이 많습니다. 이 밖에도 우리가 고려해야 할 요소가 많이 있는데요. 스킬 기반 조직을 살펴보면 구성원 개개인의 스킬 수준을 정기적으로 측정하고 앞으로 어떤 스킬을 습득하고 개발하고 싶은지 방향을 설정하도록 돕는 과정을 운영합니다. 따라서 조직과 리더는 현재 우리 조직의 스킬 사전을 구축해서 어떤 스킬이 얼마나, 누구에게, 어느 수준으로 있는지를 한눈에 파악하고 효율적으로 자원 배분을 할 수 있어야겠습니다.

스킬 기반 팀 구성이야말로 미래 경쟁력이 될 수 있다

야구는 개별 포지션마다 분업이 명확하고 상호작용이 적어 분석이 비교적 쉽습니다. 이른바 '머니볼' 전략으로 유명합니다. 반면 축구는 선수 간 상호작용이 많아 복잡도가 높으며 데이터만으로는 모든 변수를 예측하기 어렵습니다. 따라서 축구팀은 미리 전술과 전략을 약속해둠과 동시에 경기 도중에는 현장 상황에 따라 선수들에게 상당한 자율성을 부여합니다.

스킬 기반 조직도 마찬가지입니다. 구체적이고 수치화된 스킬은 조직 운영에 매우 중요한 펀더멘털 역할을 합니다. 하지만 실제 업무 현장에서는 리더의 전략적·전술적 운영, 팀 간 상호작용, 급변하는 이슈 대응 등 스킬만으로 해결할 수 없는 영역이 반드시 존재합니다. 결국 데이터로 측정한 스킬, 리더십, 협업 문화가 유기적으로 결합해야 조직 목표를 달성할 수 있고 이기는 팀이 될 수 있는 것입니다.

인공지능이 조직에 본격 도입되면서 과거에 직무 단위로 구분했던 업무 경계가 급격히 허물어지고 있습니다. 예컨대 특정 부서나 직무로 묶여 있던 일들을 인공지능이 일부를 수행하고 남은 부분을 여러 팀원이 분담하는 식으로 바뀌고 있습니다. 이런 유연한 환경에서 개인의 스킬 세트는 훨씬 중요해집니다. 일부 스타트업은 이미 직무명 자체를 없애고 프로젝트마다 필요한 스킬을 갖춘 사람들로 팀을 꾸립니다. 인공지능이 업계 전반에 침투하면서 전통적인 직무 구분이 큰 의미가 없게 될 것이라는 전망도 나오고 있습니다. 따라서 조직 목표가 주어졌을 때 필요한 스킬을 상황에 맞춰 끌어 쓰는 스킬 기반 팀 구성이야말로 미래 경쟁력이 될 수 있다는 주장에 힘이 실립니다.

　스킬 기반 조직을 운영하려면 무엇을 할 수 있을까요? 첫째, 먼저 우리 조직에 필요한 주요 스킬을 명료하게 정의하고 스킬 사전 형태로 정리해야 합니다. 반도체 기업이라면 칩 설계, 식각(에칭), 테스트 등의 공정에 필요한 구체적인 기술이 있을 것입니다. IT 기업이라면 각종 프로그래밍 언어, 클라우드 인프라, 프로덕트 매니지먼트 등의 역량이 포함될 수 있습니다.

　둘째, 스킬별로 초급-중급-고급과 같이 등급을 두고 구성원이 본인의 스킬 수준을 평가한 뒤에 상사가 피드백하거나 때로는 외부 평가를 진행합니다. 이 과정이 얼마나 정교하고 공정하게 운영되는지가 스킬 기반 인사의 성패를 좌우합니다. 또한 시대 흐름과 기술 발전에 따라 스킬 사전과 평가 기준을 계속 갱신해야 합니다.

　셋째, 스킬은 구체적이며 수치화가 가능하므로 데이터에 기반한 의사결정과 궁합이 매우 좋습니다. 시스템상에서 스킬 매칭을 자동화한다든지 특정 프로젝트에 필요한 스킬 조합이 무엇이고 어떤 구성원이 해당 스킬을 갖췄는지를 한눈에 보여주는 대시보드 등을 구현할 수 있습니다.

　넷째, 미국 IBM, 델, 마이크로소프트 등 대기업이 스킬 기반 인사를 잘 운영하고 있습니다. 하지만 그렇다고 곧바로 모든 기업이 그들을 모방할 수 있는 것은 아닙니다. 예컨대 중요 스킬 50~60개를 우선 도출하고 구성원이 자신의 보유 스킬 3~5개 정도를 인사 정보에 직접 입력하도록 해 간단히 파일럿을 시작할 수 있습니다. 이를 통해 실제 활용성을 검증하고 필요한 추가 스킬이나 관리 방식을 점진적으로 확대하는 접근이 현실적입니다.

데이터와 스킬에 기반해 조직을 운영하는 방식은 불확실성과 복잡성이 심화하는 시대에 업무 변화를 효과적으로 추적하고 관리할 수 있는 틀을 제공합니다. 앞서 카타르 월드컵 사례에서 보았듯이 25미터 스프린트 속도처럼 수치화할 수 있는 스킬로 개인 역량을 파악하면 조직이 어떻게 팀을 꾸리고 누구를 어떤 포지션에 배치할지를 더 객관적으로 결정할 수 있습니다. 동시에 메시처럼 수치화하기 어려운 고유 역량을 가진 스타 인재가 있다면 조직은 그 특성을 인정하고 보완하는 전략을 마련해야 합니다. 궁극적으로 스킬 기반 조직 운영은 데이터와 알고리즘을 활용해 공정성을 높이고 동시에 빠르게 변하는 시장 환경에 민첩하게 대응할 수 있는 토대를 마련한다는 점에서 주목받습니다.

아직은 스킬의 정의, 측정, 리스킬링 계획, 스킬 매칭 알고리즘 등 여러 과제가 있지만 작게라도 시도하고 경험을 축적하는 과정이야말로 향후 조직의 경쟁력을 좌우할 것입니다.

3
인공지능 도입 후 조직 구조는 어떻게 변화될 것인가

"생성형 인공지능은 수직구조도 수평구조도 흐릿하게 만든다.
문제 중심 네트워크 조직으로 가야 살아남는다."

    생성형 인공지능이 조직 안에 본격적으로 도입되면서 기존의 피라미드형 조직 구조가 흔들리고 있습니다. 전통적으로 조직은 수직적 계층과 수평적 분업(직무별 부서)이라는 틀을 바탕으로 운영됐습니다. 경영층이 목표를 설정하고 중간관리자가 이를 세분화해 주니어나 하위 직급 구성원에게 과업을 지시하고 관리하는 구조가 오랫동안 유지됐습니다. 그러나 생성형 인공지능은 이러한 고전적 틀에 변화를 요구합니다. 인공지능이 과업을 효율적으로 수행하고 심지어 관리자 역할 일부도 대체할 수 있다는 가능성이 커지면서 수직과 수평 양쪽의 경계가 동시에 흐릿해지고 있기 때문입니다.

    일반적으로 조직의 수직적 위계는 경영층 → 중간관리층 → 실무층으로 이어지며 과업 지시와 의사결정 권한이 위로 올라갈수록

피라미드 조직 구조[4]

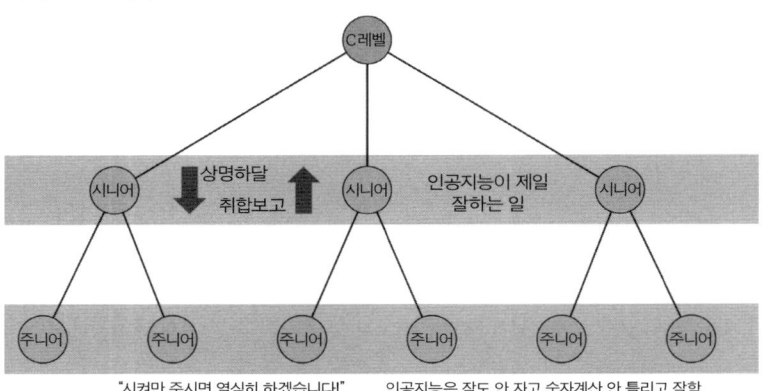

커지는 피라미드 형태를 이룹니다. 이러한 구조에서 중간관리자의 핵심 역할은 경영층의 지시를 하위 구성원에게 전달하고 하위 구성원이 수행한 결과를 취합하고 보고하는 일이었습니다. 그런데 인공지능이 빠르게 발전하면서 이러한 전달과 취합 기능이 효율적으로 자동화되리라는 전망이 제기되고 있습니다.[4]

수직형 피라미드에서 네트워크 형태의 조직으로 바뀌게 된다

인공지능 기반 자동화는 과업 진행 상황 모니터링, 일정 관리, 결과 보고 요약 등을 실시간으로 처리하며 데이터 분석까지 수행할 수 있습니다. 예컨대 프로젝트 관리 툴에 생성형 인공지능을 접목하면 팀원별 진행 상황을 즉시 파악하고 지연이 발생하면 원인을 분석해 대안을 제시하는 기능을 수행하게 됩니다. 이는 기존에 중간관리자가 일일이 진행 상황을 체크하고 보고서를 작성하던 절차를 크게 단축하거나 대체할 수 있음을 의미합니다. 게다가 인공지능은 휴일이 없고 지치지도 않으므로 사실상 24시간 계속해서 일정과 작업 결과를 종합하고 추천을 내놓을 수 있습니다.

주어진 일을 그대로 실행하는 주니어나 실무자는 인공지능으로 대체될 가능성도 무시할 수 없습니다. 인공지능이 단순 반복 업무, 데이터 분석, 문서 작성 업무를 능숙하게 처리한다면 주니어가 맡아왔던 문서 작성, 통계 분석, 리서치 등도 상당 부분 자동화될 것입니다. 그 결과 조직의 전형적인 수직 피라미드 구조가 오히려 인공지능을 도입하는 데 걸림돌로 작용할 수 있습니다. 경영층의 지시를 중간관리자가 세분해 실무자가 수행하는 이러한 구조가 유지될수록 중간관리자와 주니어의 과업 범위가 인공지능으로 축소 또는 대체될 것이고 그에 따라 중간관리자와 주니어의 역할이 불안정해질 가능성이 커집니다.

따라서 수직형 피라미드를 고집하는 조직은 아래에서 '분석·실행 → 보고 → 다시 보고'를 반복하는 시간을 지속적으로 줄여야 합니다. 인공지능이 이 과정의 상당 부분을 대신하게 되기 때문입니다. 향후 조직의 생존을 위해서는 계층 간 경계를 완화하고 중간관리 기능을 효율화하거나 재설계하여 구성원들이 더 전략적이고 창의적인 업무에 집중하도록 유도하는 문화 변혁이 필요합니다.

생성형 인공지능이 기존 직무의 전문성을 '과업 단위'에서 보완함에 따라 전통적인 수평 경계도 희미해지는 현상이 나타납니다. 조직은 그동안 세분한 직무 단위를 기준으로 사람을 채용하고 배치하고 부서 간 구분을 명확히 해왔습니다. 예컨대 인사 부서는 채용, 교육, 평가를 한다거나 마케팅 부서는 시장조사, 광고 집행, 성과 관리를 하는 식입니다. 그런데 인공지능이 이런 과업을 대폭 효율화한다면 과거처럼 직무별로 담당 구역을 엄격히 나누는 것이 얼마나 의미가 있을지 의문이 듭니다.

실제 업무 현장에서 인공지능은 시장조사부터 광고 매체 선정, 성과 분석까지 자동화할 수 있어 마케팅 직무의 많은 부분을 대체하거나 보조할 가능성이 큽니다. 이 경우 마케팅 팀원들은 단순 작업에서 벗어나 더 창의적이고 전략적인 업무, 예를 들어 브랜드 스토리텔링과 차별화된 고객 경험 설계 등에 매진해야 합니다. 인사 직무도 마찬가지입니다. 채용 프로세스 중 일부인 서류 스크리닝, 면접 일정 조율, 초안 평가 등을 자동화하고 있습니다. 그리고 인공지능이 만든 교육 프로그램을 구성원이 자율학습을 하는 식으로 학습 관리도 수평화될 수 있습니다. 그러면 '인사담당자는 채용, 교육, 보상 과업을 수행한다.'라는 고전적 정의는 점차 무의미해질 것입니다.

이와 맞물려 조직은 점차 문제 중심으로 팀이 구성되고 해체되는 과업 단위 조직 체계를 지향하게 됩니다. 특정 문제(예: 신제품 시장 진입, 연구개발 프로젝트 등)가 발생하면 필요한 스킬과 과업을 뽑아 인공지능을 포함한 소수 정예팀을 구성하고 문제를 해결한 뒤

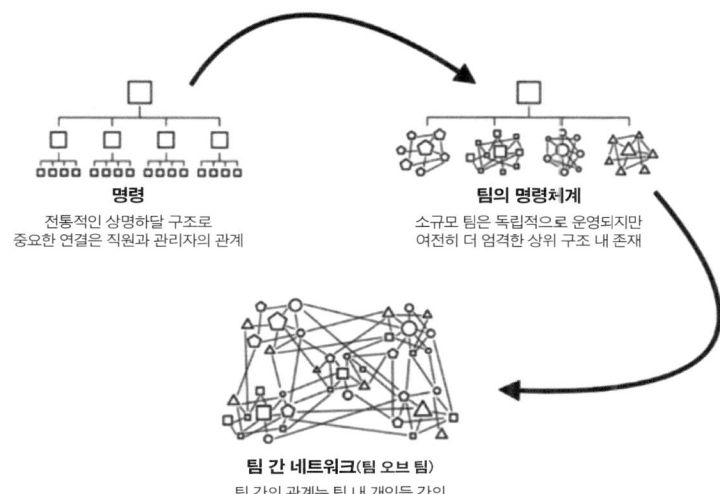

팀 간 네트워크 조직 구조

명령
전통적인 상명하달 구조로
중요한 연결은 직원과 관리자의 관계

팀의 명령체계
소규모 팀은 독립적으로 운영되지만
여전히 더 엄격한 상위 구조 내 존재

팀 간 네트워크(팀 오브 팀)
팀 간의 관계는 팀 내 개인들 간의
긴밀한 관계를 닮았음

에 다시 흩어지는 방식입니다. 이 과정에서 팀 내부 혹은 팀 간 협업을 지원하는 인공지능 시스템이 필수적으로 작동하고 팀원들은 기존 직무 범위를 뛰어넘어 여러 역할을 유연하게 맡습니다. 따라서 기존의 직무 타이틀이나 부서 구분이 약해지고 필요하다면 인사담당자가 마케팅 관련 프로젝트에 기여하거나 엔지니어가 고객 응대에 참여하는 일도 불가능하지 않게 됩니다.[5]

이런 변화의 귀결로서 피라미드가 아니라 네트워크 형태의 조직 모델이 더욱 부각될 전망입니다. 흔히 거론되는 개념 중 하나가 '팀 간 네트워크'입니다. 이는 고정된 부서 대신 소규모 팀들이 자율적으로 운영되며 서로 필요에 따라 유연하게 연결되는 시스템입니다.[6] 인공지능은 이 구조에서 단순 도구가 아니라 팀 간 연결과 조율, 지식 관리, 의사결정 지원 등을 수행하는 연결자 혹은 매니저 역할을 하게 될 것입니다.

예컨대 인공지능이 전체 프로젝트의 진행 상황과 필요한 역량을 실시간으로 모니터링하고 각 과업에 적합한 구성원을 추천하거나 팀 간 자원을 재배분할 수 있습니다. 구성원들은 인공지능이 제안하는 정보를 바탕으로 빠르게 협업 결정을 내리며 인공지능에 반복적이고도 소모적인 과업을 맡길 수 있습니다. 이렇듯 인공지능이 정교한 관리와 오퍼레이션 역량을 제공하면 전통적으로 수직 관리자가 수행했던 일은 자연스럽게 줄어듭니다. 동시에 구성원 개개인은 더 전문적이고 전략적인 부분 혹은 대인관계와 창의성이 필요한 업무에 집중하게 됩니다.

수평적 경계가 허물어지는 효과 또한 뚜렷합니다. 문제 해결 중심으로 조직이 운영될 때 개별 직무나 부서의 칸막이는 유의미하지 않게 됩니다. 인공지능이 데이터 분석, 보고서 작성, 시뮬레이션 등 특정 과업을 대체하니 구성원은 자신의 역량을 새롭게 정의하고 다양한 프로젝트에 참여해 색다른 스킬을 적용해볼 기회가 늘어납니다. 일종의 프로젝트에 기반한 스킬 매칭이 일상화되는 것입니다. 마치 전문가 프리랜서 풀에 인공지능이 매니저로 존재하는 형태로 비칠 수도 있습니다.

미래 조직은 버추얼 트윈을 통해 실시간 실험하고 조정할 것이다

수직과 수평 경계가 모두 희미해지는 미래 조직 모델에서 리더십과 조직문화 역시 근본적 변화를 맞이합니다. 첫째, 최고경영층은 중간 단계를 거쳐 지시를 내리는 피라미드 구조 대신에 인공지능을 통해 구성원들과 직접 연결돼 방향성(전략)을 제시합니다. 그리고 구성원들은 자율적으로 문제 중심의 팀을 구성해 실행합니다. 둘째, 중간관리자 직군은 크게 축소되거나 전략적 조정자와 코칭 역할을 맡는 것으로 재편될 수 있습니다. 셋째, 주니어나 실무자들도 단순히 지시를 따라 작업하기보다 자신이 맡을 과업을 능동적으로 기획하고 수행하는 능력을 키워야 합니다.

수직 경계를 부수고 수평 경계를 희미하게 만든다는 것은 인공지능의 대두가 단순한 효율화 이상의 파급력을 가진다는 뜻입니다. 전통적인 계층 구조에서 중간관리와 단순실무가 인공지능으로 상당 부분 대체될 가능성이 커지고 직무 단위로 운영되던 부서 체계 역시 문제 해결 중심으로 재구성될 전망입니다. 결국 기업은 기존의 '위계-부서-직무' 체계를 고집하기보다는 인공지능과 사람의 협업을 최적화할 수 있는 유연한 '팀 간 네트워크' 모델로 전환해야 합니다.

그러기 위해서는 첫째, 리더부터 명령과 관리 중심의 사고방식에서 벗어나 전략 제시, 코칭, 지원으로 역할을 바꿔야 합니다. 둘째, 구성원이 스스로 과업을 기획하고 수행하며 인공지능과 함께 의사결정을 내릴 수 있도록 권한과 역량을 부여해야 합니다. 셋째, 수평 경계가 허물어지도록 스킬과 프로젝트에 기반한 협업체계를 마련하고 인공지능이 매개하는 과업 매칭과 실시간 협업 환경을 지원해야 합니다. 마지막으로 이런 변화가 조직문화와 충돌하는 것을 최소화하도록 전체 구성원에게 투명한 커뮤니케이션과 공정한 평가·보상 제도가 뒷받침돼야 합니다.

결국 "수직과 수평의 경계가 희미해진다."라는 것은 기존의 조직도를 더 이상 절대적으로 신봉하지 않고 인공지능이라는 새로운 변수에 맞춰 재설계해야 함을 의미합니다. 이는 조직의 생존과도 직결합니다. 인공지능은 빠른 속도로 특정 직무의 의미와 과업 절차를 약화시키고 더욱 신속하고 유연한 팀 구성과 해체를 요구하기 때문입니다. 이 급격한 전환이 찾아왔을 때 대비하지 못한 조직은 시대에 뒤처지고 말 것입니다. 반면 미리 경계를 뛰어넘는 문화를 만든 조직은 인공지능이 가져다주는 효율성과 혁신 가능성을 마음껏 활용하여 새 시대를 선도할 기회를 얻게 될 것입니다.

그렇다면 구체적으로 바뀌게 될 미래 조직 모습을 사례로 살펴보고자 합니다. 팔란티어의 파운드리는 하나의 예시로 주목받고 있습니다. 파운드리는 단순히 조직 내 데이터를 중앙집중식으로 보관하고 분석하는 데이터베이스를 넘어 조직의 의사결정 과정을 그대로 디지털 공간에 옮겨둔 버추얼 트윈을 구현하는 것을 목표로 합니다. 이를 위해 파운드리는 구성원 개개인의 의사결정 흐름, 업무 방식, 상호작용, 그리고 기업 전체의 프로세스를 데이터화하여 하나의 종합 시스템 안에서 시뮬레이션하고 최적의 해법을 찾도록 돕습니다.

기존의 분석 도구나 비즈니스 인텔리전스 솔루션은 과거 데이터를 시각화하고 통계를 처리하는 데 집중했습니다. 반면 파운드리는 현장에서 생성되는 각종 실시간 데이터를 통합하고 구성원의 역할, 권한, 업무 과정을 세밀하게 연결합니다. 이를테면 영업팀의 고객 접촉 정보, 재무팀의 회계 자료, 생산팀의 공정 데이터 등이 자동으로 연동돼 어떤 결정이 회사 전체에 어떤 파급효과를 미칠지 한눈에 파악할 수 있습니다. 나아가 시나리오별로 조직이 어떤 변화를 겪는지를 미리 가상으로 시뮬레이션할 수 있기 때문에 의사결정의 속도와 정확도가 크게 높아집니다.

파운드리의 궁극적 지향점은 조직 전체의 데이터와 의사결정체계를 디지털화해 조직을 가상으로 복제하고 실험하듯 시뮬레이션함으로써 실제 현장에서 더 나은 결과를 얻도록 하는 것이라 요약할 수 있습니다. 예컨대 어떤 부서를 통폐합한다거나 인공지능 기술을 새롭게 도입해 특정 업무를 자동화한다고 가정해보죠. 그 변화가 조직 구조와 재무지표, 각 구성원의 업무 부담과 성과에 어떻게 작용할지를 버추얼 트윈에서 미리 실험해볼 수 있습니다. 이를 통해 의사결정자는 단순한 직감이나 과거 경험이 아니라 데이터에 기반한 근거 있는 판단을 내릴 수 있습니다.

흥미로운 점은 파운드리가 제공하는 기능이 팀 간 네트워크 같은 유연한 조직 모델과도 자연스럽게 어우러진다는 사실입니다.

조직이 문제 중심으로 팀을 빠르게 꾸리고 해체하는 구조를 채택할 경우 인공지능이 이를 지원하려면 매우 복잡한 수준의 데이터 관리와 시뮬레이션이 필요합니다. 파운드리는 각 팀이 누구와 협업 중인지, 어떤 자원이 어디에서 필요한지를 역동적으로 파악하고 적합한 인력과 프로세스를 추천하거나 시뮬레이션 결과를 즉시 피드백함으로써 팀 간 네트워크 모델이 실제로 작동할 수 있도록 돕습니다.

결국 팔란티어의 파운드리는 미래 조직에서 인공지능이 단순한 도구나 분석 시스템을 넘어 조직 전체의 운영과 결정 과정을 가상 공간에 재현하고 최적화하는 역할을 맡게 될 수 있음을 보여줍니다. 이는 경계를 허무는 조직 모델, 재정의된 직무와 과업체계, 인공지능과 인간이 협업하는 새로운 방식이 자리 잡을 때 더 큰 의미를 가집니다. 미래에는 기업이 모든 계층과 기능을 버추얼 트윈으로 만들어두고 파운드리와 같은 플랫폼을 통해 거의 실시간으로 조직을 실험하고 조정하는 시대가 올지도 모릅니다. 그렇게 된다면 최고경영자는 물론 현장 구성원에 이르기까지 누구나 인공지능과 함께 실제 결정을 시뮬레이션하며 한층 높은 효과와 효율을 추구하게 될 것입니다.

4
개인, 조직, 사회 모두 학습-적응-적용 능력을 키워야 한다

"인공지능은 위협이 아니라 새로운 인간 성장의 압력이다.
살아남으려면 배우고 바꾸고 실행하라!"

인공지능이 빠르게 발전하는 시대에 살아가는 우리에게 교육, 학습, 역량 개발은 점점 더 중요한 과제가 되고 있습니다. 인적자본이란 말은 이미 오래전부터 쓰였지만 이제는 한층 더 절실하게 다가옵니다. 인공지능이 업무 효율과 생산성을 높여주지만 그 혜택이 모든 사람에게 골고루 돌아가지 않을 수 있다는 우려 때문입니다. 누군가는 인공지능을 쉽게 활용해 높은 가치를 창출하고 더 나은 보상과 기회를 얻을 것입니다. 반면에 그렇지 못한 누군가는 인공지능에 일자리를 빼앗기거나 낮은 임금과 불안정한 위치로 몰릴 위험이 커질 수 있습니다.

미국의 경제사학자 클로디아 골딘과 로런스 카츠는 20세기 미국 노동시장에서 나타난 임금 격차 변화를 두고 '교육과 기술의 경주'라는 개념을 제시했습니다.[7] 핵심 아이디어는 이렇습니다.[8] 우선 기술 발전은 대체로 숙련 편향적 성격을 띱니다. 기계와 소프트웨어가 단순노동을 대체하는 반면에 더 높은 수준의 숙련과 지식이 필요한 일을 수행하는 사람들에 대한 수요는 계속 증가하게 됩니다. 교육 수준이 충분히 빠르게 높아진다면 새롭게 필요한 숙련 노동자를 충분히 공급해 임금 격차가 너무 크게 벌어지지 않도록 막을 수 있습니다. 반면에 교육의 확대 속도가 기술 발전 속도에 못 미치면 고학력·고숙련 노동자와 저학력·저숙련 노동자 간 임금 격차가 더 커질 것입니다.

배우고, 변화에 적응하고, 학습한 것을 적용하는 능력이 필요하다

실제로 미국 사회에서 1910년 전후부터 시작된 '고등학교 운동' 덕분에 고졸과 대졸 노동자가 대거 늘어났습니다. 그로 인해 1950년대까지 학력 간 임금 격차가 크게 줄어들었습니다. 그러다가 1980년대 이후에는 대학 교육 인구 증가 폭은 둔화됐지만 컴퓨터와 IT 기술이 발전하며 고숙련 인력 수요가 증가하면서 대졸 임금 프리미엄이 다시 높아졌습니다. 간단히 말해 교육이 기술을 따라잡으면 격차가 완화되고 따라잡지 못하면 격차가 다시 커진다는 것이 골딘과 카츠의 결론입니다.

그렇다면 인공지능 발전은 어떤 변화를 불러올까요? 골딘과 카츠의 주장과는 다르게 과거 기계화나 컴퓨터화 때보다 훨씬 폭넓은 인지 업무까지 대체할 가능성이 높습니다. 데이터 분석, 문서 작성, 코드 개발 등을 인공지능이 상당 부분 처리할 수 있다면 학력이나 전공만으로 고임금 혹은 높은 안정성을 보장하는 일자리를 누리기 어려워집니다. 그만큼 '내가 어떤 스킬을 추가로 갖추고 인공지능과 어떻게 협업하며 무엇을 더 학습해야 하는가?'가 개인에게 중요한 질문이 됩니다.

다음으로는 기술 숙련 편향이 더욱 커질 수 있는데요. 인공지능이 발전할수록 고숙련 인력에 대한 수요가 오히려 더 커질 수 있습니다. 예컨대 인공지능을 통해 데이터를 분석하고 문제를 해결하려면 제대로 이해하고 활용할 줄 아는 능력이 필요합니다. 또한 리스킬링과 업스킬링이 더욱 강조될 것입니다. 대학교를 졸업했다고 해서 평생 안정이 보장되는 시대는 지났습니다. 기술 변화가 워낙 빨라서 계속 새로운 툴과 개념을 익히지 않으면 경쟁력을 잃을 수 있습니다. 그리고 단순히 학위가 있다고 해서 인공지능과 협업하기 쉬운 건 아닙니다. 창의적이고 비판적 사고를 할 줄 아는 능력, 대인관계 스킬, 문제 해결력을 종합적으로 갖춰야 인공지능이 대체하기 어려운 가치 있는 일을 해낼 수 있습니다.

이렇듯 인공지능이 빠르게 보급될수록 '사람은 무엇을 잘해야 살아남을까?'라는 질문이 중요해집니다. 그 해답의 핵심은 생존을 위한 지속적 학습, 적응, 적용입니다. 새로운 기술이 등장할 때마다 노동시장은 항상 '불균형 심화' 대 '새로운 혁신 기회'라는 두 가지

면을 동시에 마주합니다. 인공지능 시대에도 마찬가지입니다. 개인, 조직, 사회가 어떻게 대비하고 대응하느냐에 따라 결과가 달라질 것입니다.

조직은 구성원이 인공지능을 활용해 성과를 내도록 지원해야 한다

개인 차원으로 가장 중요한 것은 계속해서 학습하고 적응하고 적용하려는 노력입니다. 조직 차원에서는 사내 교육 프로그램을 통해 구성원이 인공지능을 활용해 업무 효율을 높이도록 지원해야 합니다. 또한 인공지능에 대한 두려움 대신에 새로운 기회를 창출하는 수단으로 인식하도록 유도해야 합니다. 더불어 최근 슬랙의 연구에 따르면 인공지능을 활용하는 사용자 중 48% 이상이 인공지능 활용 사실을 밝히기를 꺼린다고 합니다.[9] 인공지능 사용이 부정행위처럼 느껴지고 능력이 부족하고 게으르다는 평가를 받을지도 모른다는 두려움 때문입니다. 따라서 조직과 리더는 인공지능을 활용하여 설명할 수 있는 성과를 얻었을 때는 독려해야 하고 이와 관련하여 일하는 방식을 명문화할 필요가 있습니다.

사회 차원에서는 인공지능에 친숙한 계층과 그렇지 못한 계층 간 격차가 커지면 사회 불안과 불평등이 심해질 수 있습니다. 정부, 교육기관, 기업이 힘을 합쳐 인공지능 교육과 훈련 기회를 넓히고 누구나 최소한의 디지털과 인공지능 리터러시를 갖출 수 있도록 해야 합니다. 동시에 지나치게 보수적이거나 무분별한 규제는 모두 인공지능 혁신과 불평등 문제 사이에서 균형을 잡기 어렵게 만듭니다. 제도적 장치, 윤리와 공정성 검증 프로세스를 마련하는 것은 필수입니다.

인공지능 시대에 일의 미래는 새로운 기술이 단순히 반복 업무를 넘어 지식과 인지 업무까지 대체하거나 증강할 수 있음을 시사합니다. 이는 조직과 개인에게 위협이면서 동시에 기회입니다. 과거 20세기에 교육이 기술 변화를 따라잡을 때 임금 불평등이 줄어들었습니다. 마찬가지로 앞으로도 우리가 얼마나 적극적으로 인적자본을 육성하느냐에 따라 인공지능 시대의 불평등을 완화하고 폭넓은 번영을 누릴 수 있을지가 결정될 것입니다.

결국 인적자본의 세기란 인공지능으로 인한 기술 변혁이야말로 인간이 더욱 학습하고 성장하도록 압박하며 동시에 새로운 가치를 창출할 기회를 열어준다는 뜻입니다. 개인은 자기 주도적이고 창의적 역량을 발휘하기 위해 인공지능 활용 능력을 갖춰야 합니다. 조직은 그런 역량을 끌어내는 시스템을 구축해야 하며 사회는 공정한 학습 기회와 안전망을 마련해야 합니다. 인공지능 시대를 살아가는 모두가 지향해야 할 핵심 방향이 돼야 할 것입니다.

5
인공지능과의 협업·의사소통 능력이 핵심 역량이 된다

"앞으로 인공지능과 협업하는 사람은 살아남고
그렇지 못하면 도태될 것이다."

인공지능과 소통한다는 말은 단순히 컴퓨터에 명령어를 던지고 결과를 받아보는 것을 뜻하지 않습니다. 인공지능과 함께 정보를 주고받으며 서로의 강점을 살리는 새로운 소통 방식을 의미합니다. 특히 인공지능과 의사소통하는 능력은 앞으로 인공지능과 함께 살아가는 미래 직장에서 중요합니다. 인공지능이 인간의 지적 업무를 지원하고 나아가 인간의 능력을 증강하도록 하려면 원활하게 의사소통하는 능력이 필수입니다. 이제 인간은 인공지능에 단순히 업무를 맡기는 수준을 넘어 목표를 정확하게 제시하고 진행 과정을 효과적으로 관리하며 내놓은 결과물에 대해 비판적으로 평가하고 피드백하는 역할로 나아가고 있습니다.

컴퓨터적, 체계적, 확장적, 비판적 사고 역량을 갖춰야 한다

인공지능과 의사소통을 잘하려면 어떤 하위 역량을 갖춰야 할까요? 인공지능과 효과적으로 소통하기 위해 필요한 첫 번째 역량은 컴퓨터적 사고입니다. 컴퓨터적 사고는 복잡한 과제를 작은 하위 요소로 나누고 각 요소의 패턴과 데이터를 분석해 핵심 내용을 추상화하는 능력입니다. 예를 들어 시장에 신제품을 출시할 때 먼저 시장조사, 제품 디자인, 마케팅 전략 수립 등으로 과제를 세분화합니다. 그리고 이전 프로젝트의 성공 패턴과 핵심 정보를 식별해 불필요한 정보를 걸러냅니다. 이 과정에서 컴퓨터적 사고는 인공지능이 해결해야 하는 문제를 명확하고 정확하게 전달할 수 있게 하는 중요한 토대가 됩니다.

두 번째 역량은 체계적 사고입니다. 체계적 사고를 통해 인공지능이 업무를 수행하는 과정을 논리적으로 구성하고 단계별로 안내할 수 있습니다. 최근 인공지능 연구에서 널리 사용되는 생각의 사슬 기법은 인공지능이 수행한 추론 과정을 사람이 이해하기 쉽도록 단계별로 명료하게 표현하는 방식입니다. 예를 들어 프로세스 개선 업무를 맡게 된다면 문제를 정의하고 관련 인물과 상황을 파악합니다. 그런 다음 자료 조사와 인터뷰를 통해 원인을 분석하고 개선책을 단계별로 제시하는 방식이 체계적 사고의 대표적인 사례입니다. 체계적 사고는 인공지능의 성능을 높이는 프롬프트 엔지니어링에서 필수적으로 요구되는 능력입니다.

세 번째 역량은 확장적 사고입니다. 확장적 사고는 인공지능에 다양한 시각과 관점에서 문제를 바라볼 수 있도록 새로운 가정을 제공하고 사고의 폭을 넓히는 능력입니다. 예를 들어 제품 기획 회의에서 "경쟁사의 시각에서 우리 제품의 약점은 무엇인가?"라는 질문을 던지며 인공지능에 새로운 페르소나 혹은 역할을 부여해 확장적 아이디어를 탐색하게 하는 단계에 해당합니다. 확장적 사고는 인간이 인공지능과 협업하여 창의적이고 혁신적인 결과를 끌어내는 데 중요한 역할을 할 수 있습니다.

네 번째 역량은 재질문력과 비판적 사고입니다. 이 역량을 기르려면 인공지능의 답변이 늘 정답은 아니라는 인식을 확실히 가져야 합니다. 질문한 내용을 다시 한번 점검하거나 "출처가 어디인가?" "이 논리에서 빠진 근거는 없는가?"를 인공지능에 역으로 물어보는 훈련을 해보면 좋습니다. 예를 들어 "네가 제시한 통계 데이터가 정확히 어느 출처인지 다시 알려줄래?"라고 묻거나 혹은 "방금 답한 내용에서 가장 취약한 부분은 뭐라고 생각해?"라고 질문을 다시 던져볼 수 있겠죠. 이렇게 몇 번 거듭해서 묻다 보면 인공지능이 점점 구체적인 답변을 내놓거나 오류를 바로잡는 모습을 볼 수 있습니다.

조직에서는 이러한 비판적 검증 문화를 제도적으로 지원할 수 있습니다. 예를 들어 인공지능이 산출한 결과물을 회의에서 바로 의사결정 자료로 쓰기 전에 반드시 '교차 검증' 단계를 거치도록 규정하는 것입니다. 또는 인공지능이 내놓은 답변을 2인 이상의

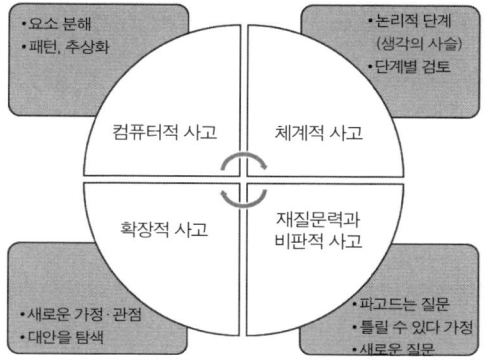

담당자가 함께 재질문하고 확인한 뒤 최종 보고서를 제출하도록 하는 식의 절차를 마련하는 겁니다. 그리고 사내 교육 프로그램에서 '인공지능 답변의 오류 사례'를 모아 공부하거나 실제 현업에서 문제가 된 사례를 분석해 공유하는 것도 좋습니다. 구성원 전체가 인공지능의 결과물을 맹신하지 않고 꼼꼼히 검토하는 습관을 들이도록 유도하는 것이 중요합니다.

인공지능과 작은 대화를 통해 협업 능력을 발전시켜야 한다

 인공지능과 의사소통을 잘하기 위한 네 가지 하위 역량은 개별적으로 작용하는 것이 아니라 상호 보완적으로 연결돼 발전합니다. 컴퓨터적 사고로 문제를 정확히 이해하고, 체계적 사고로 논리적 과정을 설계하고, 확장적 사고로 다양한 대안을 탐색하고, 재질문력과 비판적 사고를 통해 활용 결과를 더욱 완성도 높은 형태로 발전시켜 나갑니다.

  인공지능과 효과적으로 협업하려면 이 네 가지 하위 역량을 꾸준히 키워가야 합니다. 가령 컴퓨터적 사고는 단순히 프로그래밍을 배우는 것이 아니라 문제를 스스로 정의하고 잘게 쪼개서 이해하고 인과에 따라서 훈련하는 모의과제를 수행하거나 관리자의 피드백으로 개선할 수 있습니다. 체계적 사고를 키우는 것은 생각의 사슬 기법을 학습하는 것과 유사합니다. 딥시크 R1이 오픈AI의 생각의 사슬 기법을 학습해 적은 데이터로도 높은 성과를 낼 수 있었죠. 우리도 마찬가지입니다. 뛰어난 인공지능 모델과 소통하면서 이들이 어떻게 생각의 사슬에 따라서 문제를 풀어가는지 그 과정을 살펴보며 협업한다면 자연스럽게 체계적 사고를 키울 수 있을 것입니다.

  이미 여러분 옆에는 친절하고 똑똑한 인공지능 도우미가 있습니다. 여러분이 그 인공지능 도우미에게 매일 질문을 하나씩 한다면 어느새 협업하고 소통하는 능력을 자연스럽게 키울 수 있을 것입니다. 그 작은 변화가 여러분의 삶과 일터에 그리고 사회 전반에 긍정적 혁신을 불러오지 않을까요? 지금 바로 인공지능에 말을 걸어보세요. 그 작은 대화가 앞으로의 큰 변화를 끌어낼지도 모릅니다.

6
그럼에도 인간 고유 역량과 역할은 계속 중요하다

"인간 고유의 창의성과 질문하는 힘을 강화하는 것이
미래를 여는 열쇠다."

지금까지 우리는 인공지능과 함께 일하고 살아가는 미래를 준비하기 위한 내용을 살펴봤습니다. 포기하지 않고 지금까지 이 책을 읽은 독자분들은 인공지능을 잘 이해하고 협업하는 데 필요한 여러 능력과 주의해야 할 점을 인지했을 것입니다. 구체적인 데이터와 사례가 이를 뒷받침하죠. 그러나 여전히 마음 한편엔 불안함이 남아 있을 것 같습니다. 인공지능과 협업을 계속한다고 해도 내 일과 직장이 안전할까? 직업을 여러 번 바꿔야 하는 대전환 시대를 잘 준비한다고 해도 사회와 경제 전반에 변화가 너무 극적이면 어떻게 할 것인가?

저 역시 비슷한 두려움이 있습니다. 어찌 보면 다른 어떤 일보다 제가 하는 일이 가장 인공지능이 잘하는 일이니까요. 그럼에도 인간이 살아갈 세상에는 인간 고유 역량과 역할이 여전히 중요함을 강조하고 싶습니다. 거대언어모델은 대규모 데이터를 사전에 학습했고 이를 사후 훈련하는 과정에서 시간과 자원을 더 들여 똑똑해지는 과정을 거칩니다. 최근에는 학습 과정에서 인간이 배우듯이 물리적 데이터를 이해하는 방식을 쓰기도 하죠. 그럼에도 대부분은 인간이 지금까지 쌓아온 지식 체계 내에서 수동적으로 배우는 '교과서 속의 지식과 경험'을 배우는 방식입니다.

인간은 인공지능과 달리 틀을 바꾸고 신개념을 창출할 수 있다

인공지능이 하는 주요 역할은 기존 데이터의 패턴을 인식하고 연결하는 것입니다. 전혀 새로운 것을 만들어내지는 못하고 주어진 범위 내에서만 창의성을 발휘할 수 있죠. 인공지능은 기존 데이터와 패턴에 근거해 다양하게 조합하는 데는 탁월하지만 기존에 없던 완전히 새로운 내용을 창조하는 것은 불가능합니다. 그래서 우리가 앞으로 추구해야 하는 창의성은 인공지능이 도달하지 못하는 새로운 창의성입니다. 이미 알려진 규칙을 바꾸거나 조합하는 창의성은 인공지능이 쉽게 따라갈 수 있지만 규칙을 새로 만들거나 근본적인 가정을 의심하고 새로운 가설을 제시하는 창의성은 오직 인간만이 이룰 수 있습니다.

예를 들어 이세돌 9단과 바둑 대국에서 알파고가 둔 37번째 수는 인공지능이 바둑에서 기존 게임 규칙과 데이터를 바탕으로 최적의 수를 찾아낸 사례입니다. 이는 분명 놀랍고 창의적으로 보일 수 있습니다. 하지만 결국 기존 규칙 내에서 최적화를 수행한 결과였지 새로운 게임 규칙을 만들어내거나 바둑의 본질을 근본적으로 변화시킨 것은 아니었습니다. 또 다른 예는 이미지 생성형 인공지능입니다. 인공지능이 그림을 그릴 때 기존에 학습한 유명 화가들의 스타일을 혼합하여 인상적인 작품을 만들어냅니다. 하지만 아직 인공지능이 미술계에서 완전히 새로운 예술 사조를 창시하거나 기존 미술의 근본적인 정의를 바꾸는 혁신적 개념을 제안한 적은 없습니다.

　인공지능은 방대한 양의 데이터를 기반으로 한 지식과 패턴을 뛰어난 속도로 습득할 수 있습니다. 그럼에도 그 습득한 지식을 스스로 의심하거나 본질적인 질문을 던지는 능력은 없습니다. 과학에서 혁신과 진보는 늘 기존 지식과 상식을 의심하고 근본적인 질문을 던지는 사람들에게서 시작됐습니다. 역사적으로 진정한 혁신은 단순히 학습 내용을 잘 기억하거나 적용하는 것에서 나오는 것이 아니었습니다. 당연하다고 여겼던 전제와 가정들에 대해 의문을 품고 도전하는 능력에서 비롯됐죠. 이런 맥락에서 인공지능의 한계를 명확히 할 필요가 있습니다. 인공지능은 이미 알려진 지식의 틀 안에서 창의성을 발휘할 수는 있지만 틀 자체를 바꾸거나 완전히 새로운 개념을 창출하는 데는 한계가 있습니다. 그렇기에 인공지능은 완벽한 정답을 내놓는 우등생 같은 역할보다는 기존에 없던 질문을 던지고 새로운 가능성을 탐색하는 창의적 사고를 촉진하는 조력자의 역할로 더욱 가치가 있을 것입니다.

"원래 그런 거야!"가 아니라 "원래 그런 게 어딨어?"다

인간의 창의성 또한 완전히 독립적으로 발생하는 것은 아닙니다. 인류의 창의적 발전은 늘 이전 세대의 성취를 기반으로 발전했습니다. 인공지능은 인간이 놓칠 수 있는 영역과 분야를 연결하며 창의성의 새로운 가능성을 열어줄 수 있습니다. 인공지능이 제시하는 예측할 수 없는 연결과 의외의 제안은 인간의 사고를 자극하고 전혀 생각지 못한 방향에서 영감을 줄 수 있습니다.

따라서 인공지능 시대에 진정한 창의성은 인간과 인공지능이 각자의 강점을 인정하고 협업할 때 더욱 빛날 것입니다. 인간의 직관, 질문 능력, 판단력과 인공지능의 방대한 데이터 분석 능력, 패턴 인식 능력이 결합한다면 각자 홀로는 도달할 수 없었던 혁신적이고 창의적인 결과물들을 만들어낼 수 있을 것입니다. 또한 기존 가정을 당연하듯 받아들이며 "원래 그런 거야."라는 자세를 버려야 합니다. "원래 그런 게 어딨어?"라는 태도로 세상을 바라봐야 할 것입니다.

후기

나만의 팅커벨을 찾자

인공지능이 아주 빠르게 발전하면서 우리는 예전과는 전혀 다른 풍경을 마주하고 있습니다. AI호크는 이력서 한 장만으로 인공지능을 활용해서 자동으로 관련 회사에 지원하는 서비스입니다. 한 구직자가 AI호크에 이력서를 업로드했더니 24시간 내에 2,843개에 지원할 수 있었고 30곳 가까운 곳에서 면접을 제안받았다는 기사가 있습니다.[1]

오랫동안 조직은 지원자를 선택하는 입장이었고 대규모로 지원하는 사람의 정보를 효율적으로 처리하기 위해 다양한 기술적 지원을 받아왔습니다. 최근에는 인공지능을 활용해서 이력서를 검증하고 자기소개서를 평가하기에 이르렀습니다. 그런데 인공지능 기술 활용이 쉬워지고 관련 서비스가 다양하게 등장하면서 AI호크 사례처럼 구직자 역시 인공지능을 활용해서 회사에 지원하는 상황이 왔습니다. 그렇다면 이력서와 자기소개서를 평가하는 서류 전형 단계는 어떤 의미가 있을까요? 구직자가 인공지능을 활용해서 회사에 지원하고 그 구직자에 대한 평가도 인공지능이 하는 아이러니한 상황에 놓인 것이죠. 그렇다면 지금까지 우리가 새로운 사람을 채용하기 위해서 주로 활용했던 서류 전형이 과거처럼 의미가 있을까요?

인공지능은 우리의 일과 일하는 방식에 근본적인 질문을 던지기 시작했습니다. 특정 회사에 지원하기 위해서 우리가 당연하게 썼던 이력서와 자기소개서가 이제는 과거처럼 중요하지 않을 수 있습니다. 이미 국내 여러 조직에서는 직접 구직자를 만나서 질문하고 능력과 적합성을 확인하는 면접 전형 강화에 힘을 쏟고 있습니다. 인공지능이 발전하는 상황에서 오히려 사람 간 만남이 강화되고 중요해지는 방향으로 가고 있다는 것이죠. 그러므로 인공지능이 만들 일과 일하는 방식의 변화를 단편적으로만 예측하기는 어렵습니다.

저는 이 책을 바로 이러한 변화, 즉 인공지능과 함께 어떻게 일해야 하고 일의 의미가 어떻게 달라지는지를 다각도로 살펴보기 위해 썼습니다. 시간, 공간, 일의 가치를 둘러싼 이야기들을 이론, 사례, 데이터로 풀어보면서 "사람은 왜 그리고 어떻게 일하는가?"라는 물음이 더욱 부각되는 결론에 이르렀습니다. 인공지능은 업무 효율과 생산성을 높여주면서 그와 동시에 인간의 역할을 근본적으로 재정의하도록 합니다. 많은 과업이 자동화되거나 대체될 수 있는 상황에서 우리가 진정 준비해야 할 것은 창의성, 공감력, 공정한 의사결정 그리고 무엇보다도 계속 학습하고 성장하려는 태도 등 인간 고유의 역량일 것입니다.

여기서 전작 『베터 댄 베스트』에서 다뤘던 성장을 중시하는 현대 직장인의 가치관이 다시 한번 중요해집니다. 인공지능 시대는 과거 어느 때보다도 생존형 성장을 필요로 합니다. 기존의 스킬이나 학위만으로는 평생 안정이 보장되지 않기에 지속적인 재교육과 업스킬링을 통해 인공지능에 대체되지 않는 전문성을 갖춰야 합니다. 개인에게는 고된 일처럼 보이지만 역으로 말하면 끊임없이 새로운 기회를 만들어낼 수 있는 시대이기도 합니다. 유발 하라리가 말했던 끊임없이 학습해야 한다는 주장은 이제 더욱 직접적으로 우리의 일과 삶에 적용될 것입니다. 인공지능이 빠르게 질주하는 경주에서 뒤처지지 않으려면 우리의 성장 여정을 멈추지 않아야 합니다.

이 책의 시작 부분에서 이야기했던 피터 팬과 팅커벨 이야기를 다시 해보려고 합니다. 동화 속 네버랜드는 성장 없는 유년기의 낙원을 상징하고 피터 팬은 영원히 아이로 남아 있길 선택합니다. 여기에 중요한 역할을 하는 캐릭터가 팅커벨인데 피터 팬과 주변 인물들이 믿어주는 힘이 있어야만 팅커벨이 존재할 수 있습니다. 우리가 인공지능 기술에 접근하는 태도 역시 이와 비슷합니다. 인공지능을 어느 정도 긍정적으로 신뢰가 있어야 그 잠재력을 최대한 활용할 수 있고 서로 시너지를 내며 상생하는 협업이 가능해집니다.

하지만 피터 팬이 네버랜드에 머무른 채 현실 세계로 나가지 못하는 선택은 성장을 멈추는 결말로 이어집니다. 이것이 우리가 경계해야 할 부분입니다. 인공지능 기술을 막연히 신기하거나 편리한 도구로만 받아들이고 자신의 역량 개발과 재교육을 외면한다면 어떻게 될까요? 우리도 네버랜드에 갇혀 어제와 똑같은 일과 성취를 반복하는 데 그칠 수 있습니다. 반대로 인공지능이라는 팅커벨과 긍정적으로 협업하는 한편 스스로 계속 학습하고 도전한다면 우리는 네버랜드에 머물지 않고 새로운 가능성을 향해 성장할 수 있을 것입니다.

결국 인공지능 시대에 우리에게 요구되는 것은 '팅커벨과 함께 하는 성장의 여정'이라 할 수 있습니다. 인공지능을 두려워하지 않고 기술을 배우며 그로부터 도움을 받되 인간 고유의 창의성, 의사결정 능력, 윤리와 사회적 책임을 소홀히 하지 않는 것입니다. 바로 그 지점에서 사람다운 일의 의미가 다시 한번 강조됩니다. 인공지능이 많은 것을 바꿀지라도 공감, 교감, 창의, 복합 문제 해결 그리고 삶의 의미를 찾는 과정 등 인간만이 할 수 있는 것들은 여전히 소중합니다. 심지어 기술 발전으로 더 큰 가치를 인정받을 수 있습니다.

이 책이 인공지능 시대에 대한 완벽한 답안을 제시할 수는 없겠지만 적어도 우리가 앞으로 어떤 가능성과 도전을 맞닥뜨리게 될지를 미리 살펴보는 가이드가 됐으면 합니다. 데이터와 사례는 빠른 속도로 바뀌고 구체적인 기술도 매일 진화할 것입니다. 그럴수록 우리에게 중요한 건 근본적으로 '일의 의미와 인간의 성장 가능성을 어떻게 지킬 것인가?'라는 문제 아닐까요?

인공지능 시대는 이미 시작됐고 그 속도는 상상을 초월합니다.

우리는 현상 유지와 성장 없는 안주라는 네버랜드의 유혹에 빠져들지 않기 위해 팅커벨이라는 인공지능 기술을 현명하게 활용해야 합니다. 동시에 자신의 성장 여정을 놓치지 말아야 합니다. 이 책은 그 여정의 길목마다 참고할 수 있는 지도를 제공하고자 했습니다. 부디 여기서 얻은 통찰들이 여러분이 인공지능 시대를 맞이해 살아가는 데 조금이나마 도움이 되길 바라며 끊임없이 배움과 적응을 멈추지 않고 성장하는 직장인으로 발돋움하길 응원합니다.

제가 일의 의미를 찾고 끊임없이 성장하려는 삶을 살 수 있도록 모범이 돼주신 제 스승 전영민 대표님, 국민대학교 김성준 교수님, 캘리포니아주립대학교 스티븐 교수님께 깊이 감사드립니다. 성장이란 가치를 함께 공유하고 있는 LS 어승수 팀장님, 소풍커넥트 최경희 대표님, 원티드랩 윤명훈 님, 삼성글로벌리서치 김광태 님, 최종윤 님, 반종수 님께도 고마운 마음을 전하고 싶습니다. 그리고 제가 살아갈 수 있고 성장할 수 있는 여건을 만들어주신 사랑하는 아버지, 어머니, 장인어른, 장모님, 누나, 매형, 준우에게도 존경과 감사의 인사를 드립니다. 더불어 제 삶의 이유이자 동력인 은미, 소민, 용민에게도 언제나 사랑한다는 말을 전하고 싶습니다. 마지막으로 이 책이 나올 수 있도록 기회를 주시고 늘 응원과 도움을 아끼지 않는 클라우드나인 안현주 대표님과 임직원분들께도 깊이 감사드립니다.

여러분만의 팅커벨을 찾는 첫 번째 발걸음으로 이 책이 도움이 됐길 바라며 마칩니다.

주

서문

1. https://futurism.com/ai-tinkerbell?fbclid=IwY2xjawHz7DxleHRuA2FlbQIxMQABHQmUVpvg_VSH7pmRt6J1DS6pO8WutnQ5zQT3RtMD0-0GLFsWAUQGU4i3qA_aem_1ZcSINw8POb8YXS9ECl7ew
2. BCG GCI Global Consumer Sentiment Survey (2024. April).
3. https://n.news.naver.com/mnews/article/030/0003275239
4. Deloitte(2024.2). 미래를 결정해야 하는 순간.
5. Deloitte(2024.2). 미래를 결정해야 하는 순간.
6. 제프리 페퍼 & 로버트 I. 서튼(2010). 생각의 속도로 실행하라. 지식노마드.
7. https://n.news.naver.com/mnews/article/092/0002359651

1장   시간, 공간, 일이 변화하고 있다

1. https://www.hani.co.kr/arti/international/america/1158624.html
2. https://www.gartner.com/en/newsroom/press-releases/2024-01-30-gartner-hr-research-finds-high-performers-women-millennials-are-greatest-flight-risks
3. https://www.oecd.org/en/data/datasets/oecd-DE.html
4. https://www.jobkorea.co.kr/goodjob/tip/view?News_No=19964&News_No=19964&Page=95&schCtgr=120005&schCtgr=120005
5. https://www.weforum.org/stories/2022/02/great-reshuffle-jobs-market-resignation/
6. https://www.census.gov/library/stories/2024/05/great-reshuffling.html
7. https://www.gartner.com/en/newsroom/press-releases/2023-11-07-gartner-hr-leaders-survey-reveals-top-two-priorities-

in-2024

8. https://www.weforum.org/agenda/2024/01/hierarchy-partnership-employee-employer-relationship/

9. https://www.weforum.org/publications/the-future-of-jobs-report-2025/

10. 이중학(2024). 배터 댄 베스트: 일과 직장의 현재와 미래. 클라우드나인.

11. https://blogs.worldbank.org/en/education/From-chalkboards-to-chatbots-Transforming-learning-in-Nigeria

12. 신한카드 빅데이터연구소(2023). 넥스트 밸류: 대한민국 가치의 대이동. 김영사.

13. https://press.princeton.edu/ideas/return-to-office-how-covid-19-and-remote-work-reshaped-the-economy

14. https://www.statista.com/statistics/1122987/change-in-remote-work-trends-after-covid-in-usa/

15. https://aws.amazon.com/ko/what-is/digital-twin/

16. https://www.scientificamerican.com/article/training-with-digital-twins-could-boost-olympic-swimmer-speeds/

17. https://www.youtube.com/watch?v=k82RwXqZHY8

18. https://www.youtube.com/watch?v=hw7EnjC68Fw

19. 얀 뤼카선(2023). 인간은 어떻게 노동자가 됐나: 처음 쓰는 일의 역사. 모티브북.

20. https://zdnet.co.kr/view/?no=20231103134759

21. World Economic Forum(2024). Future of Jobs Survey 2024; International Labour Organization. ILOSTAT

2장 일의 의미는 어떻게 변화해왔는가

1. KMAC, ACG, 이중학(2024). 직원관찰 리포트. KMAC CS Con.

2. https://www.youtube.com/watch?v=UF8uR6Z6KLc&t=139s

3. https://www.psychologytoday.com/intl/blog/the-digital-self/202405/our-lonely-brain-and-artificial-intelligence

4. https://themiilk.com/articles/a2da40f82
5. https://www.openresearchlab.org/studies/unconditional-cash-study/study
6. https://darioamodei.com/machines-of-loving-grace
7. 데니스 뇌르마르크, 아네르스 포크 옌센(2023). 가짜 노동. 자음과모음.
8. 데니스 뇌르마르크(2024). 진짜노동. 자음과모음.
9. https://www.hankookilbo.com/News/Read/A2024022609570003332
10. https://www.hankookilbo.com/News/Read/A2024022609570000246
11. https://www.cio.com/article/3596805/7-ways-gen-ai-can-create-more-work-than-it-saves.html
12. https://kosis.kr/visual/populationKorea/PopulationDashBoardMain.do
13. https://www.choicenews.co.kr/news/articleView.html?idxno=128855
14. https://www.etoday.co.kr/news/view/2336713
15. https://www.weblio.jp/content/%E3%82%AA%E3%83%AF%E3%83%8F%E3%83%A9#google_vignette
16. https://www.joongang.co.kr/article/25246015
17. 오데드 갤로어(2023). 인류의 여정: 부와 불평등의 기원 그리고 우리의 미래. 시공사.

3장 인공지능 시대 일하는 방식이 바뀐다

1. https://www.madtimes.org/news/articleView.html?idxno=15205
2. https://www.facebook.com/business/news/insights/culture-rising-2023-trends-report
3. https://lilianweng.github.io/posts/2023-06-23-agent/
4. https://arxiv.org/abs/2411.10323
5. https://www.hcompany.ai/blog/a-research-update

6. https://manus.im/share/xFgpHb15vKqfRPWIs3JJPJ?replay=1

7. https://arxiv.org/abs/2411.10109

8. 미국에서 1972년부터 실시된 종합적인 사회 조사를 뜻하며 사회적 태도, 행동, 인구통계학적 특성을 진단하고 데이터로 관리합니다. 사회 변화와 그 영향을 이해하기 위한 진단이자 데이터로 볼 수 있습니다.

9. 성격을 이해하기 위한 진단으로 외향성, 성실성, 우호성, 정서 안정성, 개방성 등 다섯 가지 요소로 구성돼 있습니다. 사람의 밝은 성격을 이해하기 위해서 가장 일반적으로 활용되는 진단으로 개인의 성격 특성이 다양한 행동과 결과에 어떤 연관성이 있는지 예측하고 설명하는 데 활용합니다.

10. https://sakana.ai/ai-scientist/

11. https://www.microsoft.com/en-us/research/articles/magentic-one-a-generalist-multi-agent-system-for-solving-complex-tasks/

12. 2025년 1월 14일 마이크로소프트는 인공지능 에이전트 구현을 보다 쉽게 할 수 있도록 오토젠의 버전 0.4를 업데이트해서 발표했습니다. 기존의 오토젠은 마젠틱원과 같은 멀티 에이전트를 구현할 수 있는 기반 기능으로 볼 수 있습니다. 반면 업데이트 버전은 에이전트 간에 실시간으로 상호작용하며 정보를 주고받을 수 있도록 하고 관찰과 제어 기능을 강화해서 다양한 에이전트 시나리오를 지원하도록 설계됐습니다. 더불어 오토젠스튜디오는 로코드 기반의 인터페이스를 제공함으로써 빠르게 시제품을 만들 수 있도록 지원합니다. 멀티 에이전트 활용에 관심 있는 독자는 https://microsoft.github.io/autogen/stable/에서 관련 내용을 확인할 수 있습니다.

13. https://medium.com/@srini.hebbar/automated-design-of-agentic-systems-adas-13b8ee7c14ad

14. https://www.accenture.com/us-en/services/data-ai/ai-refinery

15. https://newsroom.accenture.com/news/2025/accenture-launches-ai-refinery-for-industry-to-reinvent-processes-and-accelerate-agentic-ai-journeys

16. https://github.com/jh941213/multiagent_backend?fbclid=IwY2xjawHxcMpleHRuA2FlbQIxMQABHeBvcF7yullFXLa2SeOT8q-rKsyCCmvFclMIib8QSbiFkYeJQ7eRpBhM7Q_aem_MCauNmJuhoJCNkYns2bs-w

17. https://www.youtube.com/watch?v=k82RwXqZHY8
18. https://venturebeat.com/ai/openai-noam-brown-stuns-ted-ai-conference-20-seconds-of-thinking-worth-100000x-more-data/
19. https://m.dongascience.com/news.php?idx=69124
20. 대니얼 카너먼(2018). 생각에 관한 생각. 김영사.
21. https://agentexchange.salesforce.com/
22. https://www.chaincatcher.com/ko/article/2165031
23. https://www.hankookilbo.com/News/Read/A2025013016510004055
24. https://www.pwc.com/gx/en/issues/artificial-intelligence/ai-jobs-barometer.html
25. https://arxiv.org/abs/2501.12948
26. "인공지능 발전 방향을 한 가지로 압축하자면 바로 '생각의 사슬Chain-of-Thought'입니다. 이는 인공지능이 가진 추론 능력을 극적으로 향상하여 기존 한계를 뛰어넘을 돌파구가 될 것입니다." 스탠퍼드대학교 앤드류 응 교수는 최근 한 인터뷰에서 빅데이터 크기에 비례해 인공지능 성능이 나아진다는 '규모의 법칙'이 명확한 한계를 드러냈다고 하면서도 연속적이고 단계적인 답을 찾아가는 '생각의 사슬' 기법과 이에 기반한 추론모델이 등장하면서 인공지능 발전이 새로운 국면을 맞이했다고 강조했습니다. 한때 거대한 연산 자원을 투입해 대규모 데이터를 학습하던 '암기형' 인공지능은 서서히 한계를 보이고 있습니다. 반면 방대한 정보를 단계적으로 깊이 이해하며 '창발적 사고'를 유도하는 추론 중심 모델이 차세대 인공지능 트렌드를 이끌 것이라는 관측입니다.
27. https://www.youtube.com/watch?v=kYWUEV_e2ss
28. Sarkar, A., (2024). Intention is all you need. PPIG 2024.

4장 생성형 인공지능의 어두운 그림자에 대비하자

1. Zhou, E., and Lee, L., (2024). Generative artificial intelligence, human creativity, and art.. PNAS nexus.
2. Fernandes, D., et al., (2024). AI Makes You Smarter, But None The Wiser: The Disconnect Between Performance and Metacognition.

arXiv preprint.

3. https://phys.org/news/2024-09-hints-debate-skills-lessen-negative.html?fbclid=IwY2xjawGVJZpleHRuA2FlbQIxMQABHYJ85aofsUheQuMfMSQOFYnK0PXmmrfTRhmvJ12ggDTm6lSbI9oJ9CQKHQ_aem_rg8W2R3obsyd0LHjtD8LTw

4. Danry, V., et al., (2023). Don't just tell me, ask me: Ai systems that intelligently frame explanations as questions improve human logical discernment accuracy over causal ai explanations. CHI 2023.

5. Cai, A., et al., (2024). Antagonistic AI.

6. https://www.businessinsider.com/mark-zuckerberg-meta-ai-replace-engineers-coders-joe-rogan-podcast-2025-1

7. https://biz.chosun.com/it-science/ict/2025/01/13/PSY5LM7M55B7THPK3FNYVCIJU4/

8. KMAC, ACG, 이중학(2024). 직원관찰 리포트. KMAC CS Con.

9. https://www.weforum.org/publications/series/future-of-jobs/

10. Atari, M., Xue, M. J., Park, P. S., Blasi, D., & Henrich J. (2023). Which Humans?. Havard University Culture, Cognition, Coevolution Lab Working Paper.

11. https://www.nature.com/articles/s41562-024-02077-2

12. Bondarenko, A., Volk, D., Volkov, D., & Ladish, J. (2025). Demonstrating specification gaming in reasoning models. arXiv preprint arXiv:2502.13295.

13. https://arxiv.org/abs/2503.03750

14. https://openai.com/index/chain-of-thought-monitoring/

5장   인공지능 시대 어떻게 생존하고 성장하는가

1. 카일 차이카(2024). 필터월드: 알고리즘이 찍어내는 똑같은 세상. 미래의창.

2. https://www.bloomberg.com/news/articles/2024-07-11/openai-sets-levels-to-track-progress-toward-superintelligent-ai

3. Schmidt, Oh, & Shaffer (2016). The vadility and utility of selection methods in personnel psychology: Practical and theoretical implications of 100 years.

4. World Economic Forum. Future of Jobs Survey 2024.

5. Fabrizio et al. (2023). Navigating the Jagged Technological Frontier: Field Experimental Evidence of the Effects of AI on Knowledge Worker Productivity and Quality. HBR

6. BCG(2023). How people can create and destroy value with generative AI. (September 21, 2023).

7. Toner-Rodgers, A. (2024). Artificial Intelligence, Scientific Discovery, and Product Innovation.

8. Michelle, Abudllah, & Thomas. (2024). When combinations of humans and AI are useful. Nature Human Behaviour.

9. https://www.gartner.com/en/information-technology/glossary/augmented-intelligence

10. 이중학, 정진우, 송태경(2023). 일반인공지능 시대의 채용을 위한 연구: 증강지능(Agmented Intelligence)을 중심으로. 조직과인사관리연구. 47(2). 113-137.

11. https://www.microsoft.com/en-us/worklab/ai-data-drop-the-11-by-11-tipping-point

12. https://aimatters.co.kr/news-report/ai-news/11939

13. 신동형(2025.01.11). 헬리콥터 뷰 관점에서 본 CES 2025.

14. https://slack.com/intl/ko-kr/blog/news/the-fall-2024-workforce-index-shows-ai-hype-is-cooling

15. https://www.youtube.com/watch?v=g5llbNt7_Ik

16. Lehmann, M., et al., (2024). AI Meets the Classroom: When Does ChatGPT Harm Learning?. arXiv preprint.

17. Prather, J., et al., (2024). The Widening Gap: The Benefits and Harms of Generative AI for Novice Programmers. ICER 2024.

18. Margulieux, L. E., et al., (2024). Self-Regulation, Self-Efficacy, and Fear of Failure Interactions with How Novices Use LLMs to Solve Programming Problems. ITiCSE 2024

19. Kazemitabaar, M., et al. (2024). Exploring the Design Space of Cognitive Engagement Techniques with AI-Generated Code for Enhanced Learning. arXiv preprint.

20. https://blogs.nottingham.ac.uk/biasandblame/2014/05/28/run-your-own-iat-openiat/

21. https://www.fnnews.com/news/202304031319115247

6장 인공지능 시대 어떻게 조직이 변화해야 하는가

1. https://www.weforum.org/agenda/2023/10/skills-economy-what-is-it/

2. https://www2.deloitte.com/us/en/insights/topics/talent/organizational-skill-based-hiring.html

3. PwC(2024). PwC's 2024 AI Jobs Barometer

4. 이제현(2024.11.18). 인공지능을 활용한 슬기로운 연구생활.

5. OneModel(2024). From data to Strategy.

6. https://www.leaneast.com/team-of-teams

7. 클로디아 골딘, 로런스 카츠(2025). 교육과 기술의 경주: 불평등의 원인은 무엇인가. 생각의힘.

8. Goldin, C. (2007). The Race between Education and Technology: The Evolution of U.S. Educational Wage Differentials, 1890 to 2005. Working Paper 12984 http://www.nber.org/papers/w12984

9. https://slack.com/intl/ko-kr/blog/news/the-fall-2024-work-force-index-shows-ai-hype-is-cooling

후기

1. https://www.404media.co/i-applied-to-2-843-roles-the-rise-of-ai-powered-job-application-bots/

넥스트 워커
: 인공지능 시대 일자리 격차! 준비된 자는 증강되고 멈추는 자는 대체된다

초판 1쇄 발행 2025년 5월 14일
초판 2쇄 발행 2025년 10월 1일

지은이 이중학
펴낸이 안현주

기획 류재운 **편집** 안선영 **브랜드마케팅** 이민규 **영업** 안현영
디자인 표지 정태성 본문 장덕종

펴낸곳 클라우드나인　**출판등록** 2013년 12월 12일(제2013-101호)
주소 우) 03993 서울시 마포구 월드컵북로 4길 82(동교동) 신흥빌딩 3층
전화 02-332-8939　**팩스** 02-6008-8938
이메일 c9book@naver.com

값 19,000원
ISBN 979-11-94534-25-9 03320

* 잘못 만들어진 책은 구입하신 곳에서 교환해드립니다.
* 이 책의 전부 또는 일부 내용을 재사용하려면 사전에 저작권자와 클라우드나인의 동의를 받아야 합니다.
* 클라우드나인에서는 독자 여러분의 원고를 기다리고 있습니다. 출간을 원하시는 분은 원고를 bookmuseum@naver.com으로 보내주세요.
* 클라우드나인은 구름 중 가장 높은 구름인 9번 구름을 뜻합니다. 새들이 깃털로 하늘을 나는 것처럼 인간은 깃펜으로 쓴 글자에 의해 천상에 오를 것입니다.